A Crash Course in Chinese as a Foreign Language

对外汉语速成系列教材

Easy Learning Chinese
乐学汉语

基础篇·第三册 Basic Course ③

主　编　鹿钦佞
副主编　边卫花　姚远
编　者　边卫花　芦敬　何敏　李青　姚远　鹿钦佞
译　者　马乔　石懿舒

上海外语教育出版社
外教社 SHANGHAI FOREIGN LANGUAGE EDUCATION PRESS

图书在版编目（CIP）数据

乐学汉语.基础篇.第3册/鹿钦佞主编.-- 上海：
上海外语教育出版社, 2017 (2024重印)
对外汉语速成系列教材
ISBN 978-7-5446-4993-3

Ⅰ.①乐… Ⅱ.①鹿… Ⅲ.①汉语－对外汉语
教学－教材 Ⅳ.①H195.4

中国版本图书馆CIP数据核字（2017）第112583号

出版发行：**上海外语教育出版社**
（上海外国语大学内） 邮编：200083
电　　话：021-65425300（总机）
电子邮箱：bookinfo@sflep.com.cn
网　　址：http://www.sflep.com
责任编辑：杨莹雪

印　　刷：上海华业装潢印刷厂有限公司
开　　本：890×1240　1/16　印张 12.25　字数 304千字
版　　次：2017年9月第1版　2024年6月第3次印刷

书　　号：ISBN 978-7-5446-4993-3 / H
定　　价：53.00 元

本版图书如有印装质量问题，可向本社调换
质量服务热线：4008-213-263

前言 Preface

《对外汉语速成系列教材·乐学汉语》（A Crash Course in Chinese as a Foreign Language · Easy Learning Chinese）共8册（基础篇1-4册（Basic Course 1-4）），进阶篇1-4册（Advanced Course 1-4）），每册15课。本教材既适合于作为短期汉语口语速成教学教材，也可作为以一学期为单位的长期汉语进修生的口语训练教材，使用本教材的教学单位可以根据实际需要来选择。其中，基础篇第1册适用对象是零起点的汉语初学者，进阶篇第1册适用对象是HSK四级及以上学习者。

本教材节奏明快，讲、学、练紧密结合，可以让学习者在短期内取得明显的进步，特别是在口语表达和听力理解两个方面达到速成的目标。书写与认读方面，教材坚持抓大放小，实事求是，兼顾基础与提高。

一、教材的体例

1. 热身准备（Warming-up）：通过看、听、问、答等方式来对本课训练的主要功能项进行课前预备。

2. 会话（Dialogues）：主课文以简明实用的对话为主，后期也加入了一些短文。基础篇1-4册主课文（会话）全部配有汉语拼音和外文翻译。为体现教材清晰、明快的特色，每一课不列总生词表，而是在每一段对话之下配该段的生词表。词汇的呈现方式不单单以词汇学意义上的词汇为单位，同时也关照了韵律词汇和心理词汇。

3. 注释（Notes）：注释是对非本课重点的语法、词汇和文化常识所做的说明。

4. 语法讲练（Grammar）：语法部分"讲"得少而"练"得多，旨在让学生通过练习和观察，运用认知能力来自觉总结语法规则；语法讲练注重句法、语义和语用的结合，使学生能够正确地理解和运用。

5. 会话实践（Dialogue practices）：这部分其实是主课文（会话）的延伸，通过回答问题、课文练习、活学活用等环节对主课文中的核心句进行反复训练，达到熟能生巧的目的。

6. 练习（Exercises）：对本课的功能项、话题所需要掌握的词、句和表达方式进行集中练习。练习题目形式多样，题量适中，兼顾各种语言要素和语言技能，真正体现精讲多练的原则。

7. 拓展（Advanced practices）：旨在鼓励学生根据不同情境对本课乃至之前所学词汇、语言表达等进行创造性重组，并综合性运用。温故知新，融会贯通，分享超越，从而顺利将学习内容从课堂延伸至社会生活。

二、教材的特色

本教材有以下五个方面的特色。

第一，教材的编写严格依据《国际汉语教学通用课程大纲》《对外汉语汉字与词汇等级大纲》《对外汉语语法大纲》《HSK大纲（词汇、语法）》《欧洲语言共同参考框架》等纲领性文件，在功能确定、话题选择、词汇和语法项目的选取和复现等方面广泛参考当前的研究成果；基于短期教学的特点，教材兼顾输入和输出，注重语法、词汇和功能项以滚动、螺旋状方式上升，特别强调学习规律。基础篇1-4册完全覆盖HSK三级的功能、语法和词汇要求，并覆盖部分HSK四级的内容；进阶篇1-4册完全覆盖HSK五级的功能、语法和词汇要求，并覆盖部分HSK六级的内容。每册设置15个话题，功能项20个左右，常用词汇300个左右，语法30条左右。

第二，本教材极具时代性，十分关注当代中国的语言和文化动态，同时在生活场景的选取上特别注意上海和江南地区的地方特色。教材对社会生活中出现的新现象、对学生迫切需要掌握的时代语言尤为关注，通过前期调研，充分掌握学生需求，对一些新词汇、新表达（例如APP点餐、电话约车、网络订票等）、新颖而重要的功能项目作全面的整理和精心的设计，必要时教材会增加辅助的网络或者手机客户端的操练内容，增强教材的多模态性。课文内容轻松活泼，篇幅短小、内容新颖活泼，并融入了当代中国年轻人的微信社交、网络订餐等生活元素，富有时代感，符合现代人的生活趣味，有助于学生在轻松的课堂氛围下高效地开展各种学习活动。

第三，本教材强调实用，在语言风格上追求原汁原味、自然平实的口语表达。教材设计将课文内容与学生可能遇到的各种生活情境相关联，并关注到学生在华期间的出行、社交、娱乐、购物等应急之需。利用目的语环境，将课堂拓展到社会，力求将课堂与社区、社会打通，课堂所学可以马上运用到课下，可以最大程度地帮助学生将所学迁移到真实社会场景中，真正贯彻学以致用的原则；教材中短小实用的句子可以有效激发学生开口说汉语的愿望，提高他们使用汉语的自信。此外，基础篇1-4册还为生词和主课文（会话）标注了英语翻译及功能分类，以方便学生在需要时可以迅速找到合适、有用的句子。

第四，编写时充分考虑到了教师的教学设计，对于教学过程、教学环节、教学内容、操练方法、拓展训练内容和模式均进行了充分的设计。一切设计围绕学生的训练进行，一切设计服务于课堂教学。对于教师来说，使用本教材极易上手，它完全以学生为中心，教材内容体现了教学内容和教学设计，给授课教师大大节约了备课时间，同时也给教师留足了发挥的余地和收放的空间。

第五，本教材以功能为主线，兼顾语言结构。首先确定学生务必掌握的功能项，在此基础上选择必要的、学生可能感兴趣的话题，最后根据话题的需要，在多种大纲的指导下确定语法和词汇项，最后编制主课文（会话）。教材会根据功能、词汇与语法项目复杂度与难度的不同进行升级式复现。如前面出现了"服务员"，后面会出现更通行的"帅哥""美女"；在学习过"你好"的问候方式之后，还要学会更多的"明知故问"型的、地道的中国式表达。

三、使用建议

第一，本教材建议课时为：每课4-5课时，每册教学共需约60课时。

第二，教师是课堂活动的组织者，一定要利用、创造各种机会让学生进行言语操练。特别是主课文（会话）教学，教师应当紧紧围绕核心句的理解和表达、语义和语用、语言风格与人物个性等多个角度进行讲练。通过会话实践、练习和拓展等环节，帮助学生掌握课文中的词汇、语法与功能表达。

第三，教材的编写体例已经充分考虑了教学设计，教师完全可以跟着教材的内容次序来开展教学。教师的主观能动性主要体现在主课文讲练中活动的安排上，对词汇或语法内容无需扩充，把握课文重点即可。当然，若学生学有余力，教师不妨围绕话题与功能，再增加其他形式的语言操练活动。

鹿钦佞

2017年7月

目录 Contents

课文 Lesson		页码 Page
第1课	请 自我 介绍 一下 Qǐng zìwǒ jièshào yíxià	1
第2课	我 说 个 通知 Wǒ shuō ge tōngzhī	11
第3课	我 想 跟你 见 个 面 Wǒ xiǎng gēn nǐ jiàn ge miàn	23
第4课	以后 再 说 吧 Yǐhòu zài shuō ba	35
第5课	对不起，我 来 晚 了 Duìbuqǐ, wǒ lái wǎn le	47
第6课	太 可惜 了 Tài kěxī le	57
第7课	以后 常 来 Yǐhòu cháng lái	69
第8课	祝贺 你 Zhùhè nǐ	81
第9课	别 玩儿 手机 了! Bié wánr shǒujī le!	93
第10课	明天 比今天 还 热 呢 Míngtiān bǐ jīntiān hái rè ne	103
第11课	我 没有 您 写 得 好 Wǒ méiyǒu nín xiě de hǎo	115
第12课	您 过奖 了 Nín guòjiǎng le	127
第13课	钱包 被 小偷 偷 走 了 Qiánbāo bèi xiǎotōu tōu zǒu le	139
第14课	你 不 是 去 过 苏州 吗? Nǐ bú shì qù guo Sūzhōu ma?	151
第15课	请 把 护照 给 我 Qǐng bǎ hùzhào gěi wǒ	165
参考答案		178

1 请自我介绍一下
Qǐng zìwǒ jièshào yíxià

自我介绍、请别人介绍
Introducing yourself / Asking for an introduction

Lesson 1　Qǐng zìwǒ jièshào yíxià

热身准备 Warming-up

1. 请做一张名片，写上自己的姓名、国籍。
   Make a visiting card, and write down your name and nationality on it.
2. 第一天上课，向你的同桌介绍一下自己的姓名、年龄、国籍、家庭和爱好。
   Introduce yourself to your deskmate at the first class (such as name, age, nationality, family, hobbies, etc.).

姓名：

国籍：

会话 Dialogues

 读对话，把自己不明白的地方标出来。 Read and mark.

对话1　Dialogue 1

（上课了，王丽老师进了教室。）
（Shàng kè le, Wáng Lì lǎoshī jìn le jiàoshì.）

王　丽：同学们　好！
Wáng Lì: Tóngxuémen hǎo!

学生们：老师　好！
Xuéshēngmen: Lǎoshī hǎo!

王　丽：很　高兴　认识　大家！我自我介绍一下，我叫　王丽，"王"就是　国王　的
Wáng Lì: Hěn gāoxìng rènshi dàjiā! Wǒ zìwǒ jièshào yíxià, wǒ jiào Wáng Lì, "Wáng" jiù shì guówáng de
　　　　"王"，"丽"就是美丽的"丽"。大家叫　我　什么　呢？
　　　　"Wáng", "Lì" jiù shì měilì de "Lì". Dàjiā jiào wǒ shénme ne?

学生们：王　老师！
Xuéshēngmen: Wáng lǎoshī!

王　丽：对。现在，请　同学们　自我　介绍　一下。
Wáng Lì: Duì. Xiànzài, qǐng tóngxuémen zìwǒ jièshào yíxià.

金　美真：大家　好，我叫　金　美真，来自韩国，今年　21　岁，在韩国　首尔　读大学。
Jīn Měizhēn: Dàjiā hǎo, wǒ jiào Jīn Měizhēn, lái zì Hánguó, jīn nián èrshíyī suì, zài Hánguó Shǒu'ěr dú dàxué.
　　　　　　很　高兴　认识　你们。
　　　　　　Hěn gāoxìng rènshi nǐmen.

2

山口 和也：大家好，我叫 山口 和也，日本人，今年 28 岁，是公司 职员。
Shānkǒu Héyě: Dàjiā hǎo, wǒ jiào Shānkǒu Héyě, Rìběn rén, jīnnián èrshíbā suì, shì gōngsī zhíyuán.
很 高兴 认识 你们。
Hěn gāoxìng rènshi nǐmen.

安娜：大家 好，我 是 安娜，来自 俄罗斯，今年 18 岁，刚 高中 毕业。很 高兴
Ānnà: Dàjiā hǎo, wǒ shì Ānnà, lái zì Éluósī, jīnnián shíbā suì, gāng gāozhōng bìyè. Hěn gāoxìng
来 到 上海，也 很 高兴 认识 你们。
lái dào Shànghǎi, yě hěn gāoxìng rènshi nǐmen.

……

王 丽：大家 介绍 得 不错。我 希望 同学们 好好儿 学习，努力 提高 汉语 水平，
Wáng Lì: Dàjiā jièshào de búcuò. Wǒ xīwàng tóngxuémen hǎohāor xuéxí, nǔlì tígāo Hànyǔ shuǐpíng,
还 要 互相 关心，互相 帮助。
hái yào hùxiāng guānxīn, hùxiāng bāngzhù.

1.	自我介绍	zìwǒ jièshào		to do a self-introduction
2.	国王	guówáng	名 (n.)	king
3.	美丽	měilì	形 (adj.)	beautiful
4.	高中	gāozhōng	名 (n.)	high school
5.	毕业	bìyè	动 (v.)	to graduate
6.	努力	nǔlì	动 (v.)	to strive, to make efforts to …
7.	互相	hùxiāng	副 (adv.)	mutually
8.	关心	guānxīn	动 (v.)	to care about
9.	帮助	bāngzhù	动 (v.)	to help

(It's class time, and the teacher Wang Li enters the classroom.)

Wang Li: Good morning, students!

Students: Good morning, teacher!

Wang Li: Nice to meet you! Let me introduce myself. My name is Wang Li, "Wang" means "king", and "Li" means "beautiful". What would you call me?

Student: Ms. Wang!

Wang Li: That's right! Now, please introduce yourselves.

Jin Meizhen: Hello! My name is Jin Meizhen. I'm from South Korea, and I'm 21 years old this year. I am studying in a University in Seoul. Nice to meet you.

Yamaguchi: Hello, my name is Yamaguchi Kazuno, Japanese. I am 28 years old this year. I am a company employee. Nice to meet you.

Anna: Hello, I'm Anna, from Russia, 18 years old, and just graduated from high school. It's a pleasure to be here in Shanghai and I'm glad to meet you.

…

Wang Li: Well done! I hope you can study hard, and try to improve your Chinese. In the meantime, you must also care for and help each other.

对话2 Dialogue2

（下课以后……）
(Xià kè yǐhòu …)

马 丁：王 老师，我 想 请 您 帮 我 一 个 忙。
Mǎdīng: Wáng lǎoshī, wǒ xiǎng qǐng nín bāng wǒ yí gè máng.

王 丽：什么 事?
Wáng Lì: Shénme shì?

马 丁：我 学 了 半 年 汉语 了，可是 口语 不 太 流利，想 请 老师 给 我 介绍 一 个
Mǎdīng: Wǒ xué le bàn nián Hànyǔ le, kěshì kǒuyǔ bú tài liúlì, xiǎng qǐng lǎoshī gěi wǒ jièshào yí gè
中国 语伴。
Zhōngguó yǔbàn.

王 丽：我 认识 一 个 中国 女生，她 正在 学 法语，你们 正好 可以 做 语伴。
Wáng Lì: Wǒ rènshi yí gè Zhōngguó nǚshēng, tā zhèngzài xué Fǎyǔ, nǐmen zhènghǎo kěyǐ zuò yǔbàn.

马 丁：太 好 了！
Mǎdīng: Tài hǎo le!

王 丽：我 问问 她，要是 她 愿意，我 就 让 她 加 你 的 微信。
Wáng Lì: Wǒ wènwen tā, yàoshi tā yuànyì, wǒ jiù ràng tā jiā nǐ de wēixìn.

马 丁：谢谢 老师！
Mǎdīng: Xièxie lǎoshī!

10. 帮忙	bāngmáng	动 (v.)	to do a favor
11. 流利	liúlì	形 (adj.)	fluent
12. 语伴	yǔbàn	名 (n.)	language partner
13. 正在	zhèngzài	副 (adv.)	in the process of
14. 正好	zhènghǎo	副 (adv.)	just in time
15. 要是	yàoshi	连 (conj.)	if
16. 愿意	yuànyì	动 (v.)	to be willing

(After class ...)

Martin: Ms. Wang, I'd like to ask you for a favor.

Wang Li: What's the matter?

Martin: I have studied Chinese for half a year, but I'm still not fluent in speaking. I would like to ask you to introduce me to a Chinese language partner.

Wang Li: I know a Chinese girl who is learning French. You can be language partners.

Martin: That's great!

Wang Li: I'll ask her. If she says OK, I'll ask her to add your WeChat.

Martin: Thank you, teacher!

语法讲练 Grammar

一、"要是……就……" If... then...

"要是"表示假设，后一分句常用副词"就"来承接上文，得出结论。

"要是" indicates a supposition, and the adverb "就", which links the preceding part, is also used to elicit a conclusion.

例：1. **要是**她愿意，我**就**让她加你的微信。

2. **要是**你有时间，**就**来我家玩儿玩儿吧。

3. **要是**明天天气好，我们**就**去公园看花。

完成句子。Complete the sentences below.

1. 要是我有钱，_____。（就）
2. 要是你不去，_____。（就）
3. 要是明天天气不好，_____。（就）

会话实践 Dialogue practices

一、回答问题。Read the dialogues again and answer the questions below.

对话1
1. 王老师叫什么名字?
2. 金美真是哪国人？她今年多大?
3. 山口和也是哪国人？他今年多大?
4. 安娜是哪国人？她今年多大?
5. 王老师希望同学们做什么?

对话2
1. 马丁找王老师有什么事?
2. 马丁学了多久的中文了?
3. 他觉得他的口语怎么样?
4. 王老师能帮他吗?

二、角色扮演。

Repeat the dialogues and make a role play with your partners.

三、活学活用。

Make a similar dialogue and present it in your class.

练习 Exercises

一、连字组词。 Match the characters into words based on the pinyin given.

yàoshi	yuànyì	bìyè	xīwàng	nǔlì
tígāo	hùxiāng	guānxīn	bāngzhù	liúlì

希　互　愿　努　提　要　流　帮　关　毕

利　望　高　意　力　相　是　心　业　助

二、听句子，并填空。 Listen and fill in the blanks.

1. 请同学们_____一下。

2. 我_____同学们好好儿学习，努力_____汉语水平，还要互相_____，互相_____。

3. 王老师，我想请您_____。

4. 我学了两年汉语了，可是口语不太_____。

5. 她正在学法语，你们正好可以做_____。

6. 要是她_____，我就让她加你的_____。

三、完成会话。 Complete the dialogues.

1. A: 请你自我介绍一下。

   B: 我叫_____，来自_____，今年_____岁，是_____。

2. A: 王老师，我想请您帮我一个忙。

   B: 什么事？

   A: _____。

四、听后复述。 Listen and retell.

　　今天是我第一天上课。王老师让我们做自我介绍。来自韩国的金美真今年21岁，在韩国首尔读大学。日本的山口和也今年28岁，是公司职员。俄罗斯的安娜今年18岁，刚高中毕业。

　　王老师说我们介绍得不错。她希望我们好好儿学习，努力提高汉语水平，还要互相关心，互相帮助。

五、采访。Interview.

请采访四位同学，完成下面这个表格。
Interview four of your classmates, and complete the table below.

你叫什么名字？				
你是哪国人？				
你今年多大了？				
汉语学了多久了？				
为什么学习汉语？				

拓展 Advanced practices

一、练练嘴皮子。 Oral exercises.

拍手歌
Pāi shǒu gē

你拍一，我拍一，咱们一起坐飞机。
Nǐ pāi yī, wǒ pāi yī, zánmen yìqǐ zuò fēijī.

你拍二，我拍二，咱们一起吃冰棍儿。
Nǐ pāi èr, wǒ pāi èr, zánmen yìqǐ chī bīnggùnr.

你拍三，我拍三，咱们一起去爬山。
Nǐ pāi sān, wǒ pāi sān, zánmen yìqǐ qù páshān.

你拍四，我拍四，咱们一起写汉字。
Nǐ pāi sì, wǒ pāi sì, zánmen yìqǐ xiě Hànzì.

你拍五，我拍五，咱们一起去跳舞。
Nǐ pāi wǔ, wǒ pāi wǔ, zánmen yìqǐ qù tiàowǔ.

你拍六，我拍六，咱们一起吃烤肉。
Nǐ pāi liù, wǒ pāi liù, zánmen yìqǐ chī kǎoròu.

你拍七，我拍七，咱们一起去洗衣。
Nǐ pāi qī, wǒ pāi qī, zánmen yìqǐ qù xǐyī.

你拍八，我拍八，咱们一起笑哈哈。
Nǐ pāi bā, wǒ pāi bā, zánmen yìqǐ xiào hāhā.

你拍九，我拍九，咱们一起喝啤酒。
Nǐ pāi jiǔ, wǒ pāi jiǔ, zánmen yìqǐ hē píjiǔ.

你拍十，我拍十，学习汉语要坚持。
Nǐ pāi shí, wǒ pāi shí, xuéxí Hànyǔ yào jiānchí.

二、口语惯用语。Colloquial terms.

想得美 In your dreams

用于指出别人的想法不切实际。

比如：A：能不能不写汉字？
　　　B：想得美！

再如：A：明天要是不上课多好啊！
　　　B：想得美！快做作业。

请用"想得美"做一个对话。

三、朗读。 Read aloud.

鸟瞰中国[1]
Niǎokàn Zhōngguó

中国，有着将近14亿人口，其中92%是汉族。在这片960多万平方
Zhōngguó, yǒu zhe jiāngjìn shísì yì rénkǒu, qízhōng bǎifēn zhī jiǔshí'èr shì Hànzú. Zài zhè piàn jiǔbǎiliùshí duō wàn píngfāng

公里的土地上，还生活着55个少数民族，他们仍在使用的语言多达120
gōnglǐ de tǔdì shang, hái shēnghuó zhe wǔshíwǔ gè shǎoshù mínzú, tāmen réng zài shǐyòng de yǔyán duō dá yìbǎi'èrshí

种。这趟空中之旅将带您穿越中国境内巍峨的高山和无垠的沙漠、
zhǒng. Zhè tàng kōngzhōng zhī lǚ jiāng dài nín chuānyuè Zhōngguó jìng nèi wēi'é de gāoshān hé wúyín de shāmò,

宽广的河流和茂密的森林。神秘而多元的中国文化，如今将呈现在世界眼前。
kuānguǎng de héliú hé màomì de sēnlín. Shénmì ér duōyuán de Zhōngguó wénhuà, rújīn jiāng chéngxiàn zài shìjiè yǎnqián.

——选自纪录片《鸟瞰中国(1)：源远流长》（时段00:01:08-00:01:51）

China from Above

China, a land of nearly 1.4 billion people, in which 92 percent are Chinese of the ethnic group Han. But across its 9.6 million square kilometers, there are 55 other ethnic groups, speaking 120 living languages. This areal journey will cross China's immense interior of mountains and deserts, mighty rivers and great forests, to reveal a hidden culture of great complexity, only now opening up for the world to see.

---

[1] 《鸟瞰中国》由五洲传播中心、国家地理频道、新西兰自然历史、新加坡海滩别墅影业、德国NDR电视台联合出品。建议浏览视频网站影像中国 (VideoChina)：www.videochina.tv。

② 我说个通知
Wǒ shuō ge tōngzhī

通知
Notice

Lesson 2   Wǒ shuō ge tōngzhī

热身准备 Warming-up

1. 这是什么?
   What's this?
2. 在哪儿可以看到?
   Where can you see this?
3. 你的教室里有没有?
   Is there any in your classroom?

4. 这是什么地方?
   What place is this?

5. 这是什么?
   What's this?
6. 你的学校有没有?
   Is there any in your school?

7. 这是什么?
   What's this?
8. 你有没有?
   Have you got one?

会话 Dialogues

 读对话，把自己不明白的地方标出来。Read and mark.

对话1   Dialogue 1

（ 王 老师 通知 大家 换 班 的 事。）
（ Wáng lǎoshī tōngzhī dàjiā huàn bān de shì.）

王 丽: 大家 注意 一下，我 说 个 通知。
Wáng Lì: Dàjiā zhùyì yíxià, wǒ shuō ge tōngzhī.

保罗: 什么 通知?
Bǎoluó: Shénme tōngzhī?

12

王丽：换班通知。有的同学觉得我们班的课太难，有的同学觉得比较容易，怎么办呢？
Wáng Lì: Huàn bān tōngzhī. Yǒude tóngxué juéde wǒmen bān de kè tài nán, yǒude tóngxué juéde bǐjiào róngyì, zěnme bàn ne?

保罗：换班。
Bǎoluó: Huàn bān.

王丽：对。这个星期四以前，请到419办公室去申请换班。
Wáng Lì: Duì. Zhè ge Xīngqīsì yǐqián, qǐng dào sì yāo jiǔ bàngōngshì qù shēnqǐng huàn bān.

保罗：书怎么办呢？
Bǎoluó: Shū zěnme bàn ne?

王丽：还给办公室，那里的老师会给你新书。
Wáng Lì: Huán gěi bàngōngshì, nàlǐ de lǎoshī huì gěi nǐ xīn shū.

保罗：我已经在书上写字了。
Bǎoluó: Wǒ yǐjīng zài shū shàng xiě zì le.

王丽：那你要付钱买新书。
Wáng Lì: Nà nǐ yào fù qián mǎi xīn shū.

保罗：明白了。
Bǎoluó: Míngbai le.

1.	注意	zhùyì	动 (v.)	to notice, to listen up
2.	通知	tōngzhī	名 (n.)	notice
3.	办	bàn	动 (v.)	to do
4.	以前	yǐqián	名 (n.)	before
5.	申请	shēnqǐng	动 (v.)	to apply
6.	还	huán	动 (v.)	to return
7.	付	fù	动 (v.)	to pay

(Ms. Wang informs students about switching classes.)

Wang Li: Attention please! Let me give you a notice.

Paul: What notice?

Wang Li: Switching classes. Some students feel that our class is too difficult, while others feel the opposite. What is to be done?

Paul: We'll switch classes.

Wang Li: Yes. Before this Thursday, please go to the office 419 to apply for switching classes.

Paul: What about the book?

Wang Li: Return it to the office, where the teacher will give you another.

Paul: I've already written on the book.

Wang Li: Then you have to pay for the new book.

Paul: I understand.

对话 2　Dialogue 2

（墙　上 贴 了 一 张　通知。）
（Qiáng shàng tiē le yì zhāng tōngzhī.）

王　老师：同学们，墙　上　贴 的 旅行　通知 看 了 吗？
Wáng lǎoshī: Tóngxuémen, qiáng shàng tiē de lǚxíng tōngzhī kàn le ma?

马丁：看了，但是 看 不 懂。您 能 给 我们 解释 解释 吗？
Mǎdīng: Kàn le, dànshì kàn bu dǒng. Nín néng gěi wǒmen jiěshì jiěshì ma?

王　老师：行。下　周六，学校 组织　同学们 去　周庄　旅行，请 感　兴趣 的 同学
Wáng lǎoshī: Xíng. Xià zhōu liù, xuéxiào zǔzhī tóngxuémen qù Zhōuzhuāng lǚxíng, qǐng gǎn xìngqu de tóngxué
　　　　　到　班长 那里 报名。
　　　　　dào bānzhǎng nàlǐ bàomíng.

马丁：老师，周庄　是 什么 地方？
Mǎdīng: Lǎoshī, Zhōuzhuāng shì shénme dìfang?

王　老师：周庄　是 一座 古镇，被　称为　中国　第一　水乡。
Wáng lǎoshī: Zhōuzhuāng shì yí zuò gǔzhèn, bèi chēngwéi Zhōngguó dìyī shuǐxiāng.

马丁：一定 很　漂亮 吧？
Mǎdīng: Yídìng hěn piàoliang ba?

王　老师：是的，古镇 里边 有 桥，有 河，还有 各　种 古代　建筑，代表 了 一 种
Wáng lǎoshī: Shìde, gǔzhèn lǐbiān yǒu qiáo, yǒu hé, hái yǒu gè zhǒng gǔdài jiànzhù, dàibiǎo le yì zhǒng
　　　　　江南 的 美。
　　　　　jiāngnán de měi.

山口：老师，我 听说　江南 有 六大 古镇 呢。
Shānkǒu: Lǎoshī, wǒ tīngshuō jiāngnán yǒu liù dà gǔzhèn ne.

王 老师：对，你知道的真不少啊，这六大古镇各有特色。
Wáng lǎoshī: Duì, nǐ zhīdào de zhēn bù shǎo a, zhè liù dà gǔzhèn gè yǒu tèsè.

山 口：有机会我要游遍六大古镇。
Shānkǒu: Yǒu jīhuì wǒ yào yóu biàn liù dà gǔzhèn.

马 丁：老师，我们怎么去周庄？
Mǎdīng: Lǎoshī, wǒmen zěnme qù Zhōuzhuāng?

王 老师：坐校车去。下周六早上七点半，在校园喷水池旁边集合上车，别忘了带学生证。
Wáng lǎoshī: Zuò xiàochē qù. Xià zhōu liù zǎoshàng qīdiǎnbàn, zài xiàoyuán pēnshuǐchí pángbiān jíhé shàngchē, bié wàng le dài xuéshēngzhèng.

马 丁：好的，谢谢老师。
Mǎdīng: Hǎode, xièxie lǎoshī.

8.	墙	qiáng	名 (n.)	wall
9.	贴	tiē	动 (v.)	to stick
10.	解释	jiěshì	动 (v.)	to explain
11.	组织	zǔzhī	动 (v.)	to organize
12.	古镇	gǔzhèn	名 (n.)	ancient town
13.	被	bèi	介 (prep.)	by
14.	称为	chēngwéi	动 (v.)	to regard as
15.	水乡	shuǐxiāng	名 (n.)	water town
16.	古代	gǔdài	名 (n.)	ancient
17.	喷水池	pēnshuǐchí	名 (n.)	fountain
18.	学生证	xuéshēng zhèng	名 (n.)	student ID

(There is a notice on the wall.)

Ms. Wang: Students, have you read the travel notice on the wall?

Martin: Yes, but we don't understand it. Would you please explain it for us?

Ms. Wang: OK. Next Saturday our school will organize an excursion to Zhou Zhuang. If you are interested in the trip, please ask our class monitor to sign up.

Martin: Ms. Wang, what kind of place is Zhou Zhuang?

Ms. Wang: Zhou Zhuang is an ancient town, and is regarded as the First Water Town of China.

Martin: It must be very beautiful.

Ms. Wang: Yes, there are small bridges, rivers, and various old houses. It represents a type of beauty of China's Yangtze River area.

Yamaguchi: I've heard there are six famous old water towns in the Yangtze River area.

Ms. Wang: Yes. Your knowledge is pretty rich. Each of them has its own characteristics.

Yamaguchi: I will travel to all of them if I have chance.

Martin: Ms. Wang, how will we go there?

Ms. Wang: We will take the school bus. Please get together at the big fountain at 7:30am next Saturday, and don't forget to take your Student ID Card.

Martin: Thank you, Ms. Wang.

语法讲练 Grammar

一、"有的……有的……"

代词"有的"作定语时，常指它所修饰的名词的一部分，可以单用，也可以两三个连用。

When "有的" is used as an attributive, it denotes a part of the noun it modifies. It can be used separately or in tandem in a sentence, e.g.

例：1. 有的同学觉得我们班的课很难，有的觉得比较容易。

2. 明天学校组织我们去参观博物馆，有的学生不去。

请将下列句子译成中文。Translate the sentences below into Chinese.

1. Some students in our class like listening to the music, and some like watching movie.
   _____

2. He has a lot of books. Some books are English, and some are Chinese.
   _____

二、"有"

"有"表示某处存在某人或某物。
"有" is used to indicate the existence of someone or something in a particular place.

例：1. 墙上有一个通知。
    2. 学校里有一个咖啡店。
    3. 我的房间里没有电视。

组词成句。Make sentences by the words given.

1. 书店　有　里　人　很多
_____

2. 银行　学校　没有　里
_____

3. 手机　有　上　桌子　一个
_____

三、"给"

"给"常在"借""还""送"等动词之后，作结果补语。
"给" is often used after "借 (to lend)", "还 (to return)" or "送 (to give)" as a complement of result.

例：1. A: 那本书呢？B: 我还给图书馆了。
    2. A: 你的自行车呢？B: 我借给朋友了。
    3. 生日那天，我送给妹妹一盒巧克力。

请将下列句子译成中文。Translate the sentences below into Chinese.

1. He wants to buy some flowers to give his girlfriend.
_____

2. Anna lent me 100 yuan yesterday, and today I want to return the money to her.
_____

会话实践 Dialogue practices

一、回答问题。 Read the dialogues again and answer the questions below.

对话1

1. 王老师说了个什么通知?
2. 什么样的学生可以换班?
3. 什么时候可以换班?
4. 去哪里申请换班?
5. 如果你在书上写字了,办公室的老师会免费给你新书吗?

对话2

1. 下周六,学校组织学生们去哪里?
2. 周庄是什么地方?
3. 怎么去周庄?
4. 几点在哪里集合?

二、角色扮演。

Repeat the dialogues and make a role play with your partners.

三、活学活用。

Study and use.

1. 想一想,如果你想换班,该去办公室说什么?
2. 请设计一个对话:保罗觉得现在的课太难了,他去办公室换班。可是他已经在书上写字了。

练习 Exercises

一、连字组词。Match the characters into words based on the pinyin given.

zhùyì　　tōngzhī　　yǐqián　　shēnqǐng　　zǔzhī
jiěshì　　bàomíng　　jíhé　　jiànzhù　　tèsè

解　通　集　申　注　建　组　报　以　特

知　筑　释　色　织　前　合　意　请　名

二、听句子，并填空。 Listen and fill in the blanks.

1. 大家_____一下，我说个_____。

2. 这个星期四_____，请到419办公室去_____换班。

3. 下周六，学校_____我们去周庄_____。

4. 古镇里有_____有_____，还有各种_____。

5. 有机会我要_____六大古镇。

6. 周六早上七点半，在喷水池旁边_____。还要带_____。

三、完成会话。Complete the dialogues.

1. A: 请问，到哪里申请换班？

   B: 到_____。

   A: 什么时候可以换？

   B: _____。

2. A: 学校组织我们参观上海博物馆，你去吗？

   B: 去。什么时候去？

   A: _____。

   B: 在哪里集合？

   A: _____。

   B: 怎么去？

   A: _____。

四、听后复述。 Listen and retell.

　　王老师通知我们，这个星期四以前，可以到419办公室申请换班。换班的时候，书还给办公室。要是你已经在书上写字了，就要付钱买新书。

　　下周六的下午，学校组织我们去周庄旅行。周庄是一座古镇，被称为江南第一水乡。感兴趣的同学可以到班长那里去报名。下周六早上七点半在喷水池旁边集合上车，还要带上学生证。

五、请用手机给你的同学发两条信息。Please send two messages to your classmates.

保罗：同学们，要是你想换班，就到419办公室去申请。申请时间是这个星期四以前。注意：不要在书上写字，要是你写字了，就要付钱买新书。

马丁：同学们，下周六学校组织我们去周庄旅行。感兴趣的同学请到班长那里报名。下周六早上七点半我们在喷水池旁边集合上车，别忘了带学生证。快去报名吧！

拓展 Advanced practices

一、练练嘴皮子。Oral exercises.

一年之计在于春，
Yì nián zhī jì zàiyú chūn,
一日之计在于晨。
yí rì zhī jì zàiyú chén.
一家之计在于和，
Yì jiā zhī jì zàiyú hé,
一生之计在于勤。
yì shēng zhī jì zàiyú qín.

二、口语惯用语。Colloquial terms.

君子动口不动手
Gentlemen should reason things out rather than resort to force

这句话的意思是自认为君子的人，就要有个君子的样子，不能动手打人。

例：妈妈：儿子，你怎么才考了30分啊？

　　儿子：妈妈，别打我啊，君子动口不动手。

请用"君子动口不动手"做一个对话。

三、朗读。 Read aloud.

傣族泼水节
Dǎizú Pōshuǐjié

坐落在中国西南边陲，毗邻老挝和缅甸的西双版纳，因壮阔的澜沧江闻名于世。这里是傣族人世世代代的家园。他们遵循着与中国其他民族不同的历法，每年四月，傣族人都会以他们独特的方式来庆祝他们的新年。在这个一年中最热的季节，所有庆祝活动都围绕水来展开。始于两千年前的赛龙舟，拉开了节日的序幕。

——选自纪录片《鸟瞰中国(1)》（时段00:02:02 – 00:02:51）

The Water-Sprinkling Festival

In the far southwest bordering Myanmar and Laos is Xi Shuang Ban Na, known for its great river, home to the ancient Dai people. They observe a different calendar to the rest of China, and in April celebrate their own version of the new year in a unique way. The festival all revolves around water at this hottest time of the year. It all begins with an epic 2000-year old Dragon Boat Race.

Lesson 2　Wǒ shuō ge tōngzhī

四、收集有用的句子。
Collect some useful Chinese sentences and share them with your classmates.

1.

2.

3.

4.

5.

6.

7.

8.

9.

10.

3 我想跟你见个面
Wǒ xiǎng gēn nǐ jiàn ge miàn

约定见面
Making an appointment

热身准备 Warming-up

1. 这是哪里?
   Where is this place?
2. 你在这里做什么?
   What will you do here?

3. 他在做什么?
   What is he doing?
4. 你会用中文打电话吗?
   Can you make a call in Chinese?

5. 他们在做什么?
   What are they doing?
6. 你的生日是几月几号?
   What date is your birthday?
7. 你喜欢怎么过生日?
   How would you like to celebrate your birthday?

会话 Dialogues

 读对话，把自己不明白的地方标出来。Read and mark.

对话1 Dialogue 1

（马丁 给 白雪 打 电话。）
（Mǎdīng gěi Bái Xuě dǎ diànhuà.）

马丁：喂，请 问 是 白雪 吗?
Mǎdīng: Wèi, qǐng wèn shì Bái Xuě ma?

白雪：对，我是。请 问 你 是 哪位?
Bái Xuě: Duì, wǒ shì. Qǐng wèn nǐ shì nǎ wèi?

马丁：我 是 马丁，王 老师 的 学生。
Mǎdīng: Wǒ shì Mǎdīng, Wáng lǎoshī de xuésheng.

白雪：哦，你好，你好! 很 高兴 认识 你。
Bái Xuě: Ò, nǐ hǎo, nǐ hǎo! Hěn gāoxìng rènshi nǐ.

马丁：我 也 很 高兴 认识 你。王 老师 说 你 要 找 语伴，对 吗?
Mǎdīng: Wǒ yě hěn gāoxìng rènshi nǐ. Wáng lǎoshī shuō nǐ yào zhǎo yǔbàn, duì ma?

白雪：对。
Bái Xuě: Duì.

马丁：今天下午你有空吗？我们见见面，好吗？
Mǎdīng: Jīntiān xiàwǔ nǐ yǒu kòng ma? Wǒmen jiànjiànmiàn, hǎo ma?

白雪：好。下午几点？
Bái Xuě: Hǎo. Xiàwǔ jǐ diǎn?

马丁：下午三点怎么样？
Mǎdīng: Xiàwǔ sān diǎn zěnmeyàng?

白雪：行，在哪里见呢？
Bái Xuě: Xíng, zài nǎlǐ jiàn ne?

马丁：在图书馆门口见，怎么样？
Mǎdīng: Zài túshūguǎn ménkǒu jiàn, zěnmeyàng?

白雪：行，下午见！
Bái Xuě: Xíng, xiàwǔ jiàn!

马丁：下午见！
Mǎdīng: Xiàwǔ jiàn!

1.	位		wèi		量(mw.)		(one) person
2.	哦		ò		叹(int.)		oh
3.	门口		ménkǒu		名(n.)		doorway, entrance

(Martin calls Bai Xue.)

Martin: Hello, is it Bai Xue?

Bai Xue: Yes, I am. Who is this?

Martin: This is Martin, Ms. Wang's student.

Bai Xue: Oh, hello! It's a pleasure talking to you.

Martin: It's a pleasure talking to you, too. Ms. Wang said you were looking for a language partner, right?

Bai Xue: Yes.

Martin: Are you available this afternoon? Shall we meet?

Bai Xue: OK. At what time in the afternoon?

Martin: How about three o'clock?

Bai Xue: OK, where do we meet?

Martin: How about in front of the library?

Bai Xue: OK, see you then!

Martin: See you.

对话2 Dialogue 2

（下课后，美真和安娜在聊天。）
(Xià kè hòu, Měizhēn hé Ānnà zài liáotiān.)

安娜：美真，在做什么呢?
Ānnà: Měizhēn, zài zuò shénme ne?

美真：在听音乐呢。
Měizhēn: Zài tīng yīnyuè ne.

安娜：我的生日快到了。
Ānnà: Wǒ de shēngrì kuài dào le.

美真：什么时候?
Měizhēn: Shénme shíhòu?

安娜：这个星期六。
Ānnà: Zhège Xīngqīliù.

美真：你打算怎么过?
Měizhēn: Nǐ dǎsuàn zěnme guò?

安娜：我准备举行一个生日晚会。你能参加吗?
Ānnà: Wǒ zhǔnbèi jǔxíng yí gè shēngrì wǎnhuì. Nǐ néng cānjiā ma?

美 真：当然 能。什么 时候 举行？
Měizhēn: Dāngrán néng. Shénme shíhou jǔxíng?

安 娜：星期六 晚上 七点。
Ānnà: Xīngqīliù wǎnshàng qī diǎn.

美 真：在 哪里？
Měizhēn: Zài nǎlǐ?

安 娜：就 在 我 的 房间。
Ānnà: Jiù zài wǒ de fángjiān.

美 真：好，我 一定 去。
Měizhēn: Hǎo, wǒ yídìng qù.

安 娜：保罗 呢？
Ānnà: Bǎoluó ne?

美 真：出去 买 咖啡 了 吧？
Měizhēn: Chūqù mǎi kāfēi le ba?

安 娜：那 请 你 转告 他，就 说 我 请 他 也 参加。
Ānnà: Nà qǐng nǐ zhuǎngào tā, jiù shuō wǒ qǐng tā yě cānjiā.

美 真：好，我 一定 转告。
Měizhēn: Hǎo, wǒ yídìng zhuǎngào.

4.	打算	dǎsuàn	动 (v.)	to plan
5.	准备	zhǔnbèi	动 (v.)	to prepare
6.	举行	jǔxíng	动 (v.)	to hold (a party or a meeting)
7.	晚会	wǎnhuì	名 (n.)	party
8.	参加	cānjiā	动 (v.)	to attend
9.	就	jiù	副 (adv.)	just
10.	一定	yídìng	副 (adv.)	certainly
11.	出去	chūqù	动 (v.)	to go out
12.	转告	zhuǎngào	动 (v.)	to tell

(After class, Meizhen and Anna are chatting.)

Anna: Meizhen, what are you doing?

Meizhen: I'm listening to the music.

Anna: My birthday is coming.

Meizhen: When?

Anna: This Saturday.

Meizhen: What are you going to do?

Anna: I'm going to hold a birthday party. Will you come?

Meizhen: Of course I will. When is it going to be held?

Anna: On Saturday evening at seven o'clock.

Meizhen: And where?

Anna: In my room.

Meizhen: Well. I'm sure I'll go!

Anna: Where is Paul?

Meizhen: He may be out to buy some coffee.

Anna: Then please tell him that I invite him to join us.

Meizhen: OK. I'll tell him.

语法讲练 Grammar

一、动作的进行 Action in progress

在动词前加副词"正""在"或"正在",可以表示正在进行的动作,也可以跟句末"呢"同时使用。只用句末"呢"也可以表示正在进行。

The adverb "正", "在" or "正在" can be added before a verb or combined with the modal particle "呢" at the end of a sentence to indicate that an action is in progress. The ending "呢" alone can also perform the same function.

例: 1. 妈妈在吃早饭。

2. 我正在图书馆看书。

3. A: 你在做什么呢? B: 我在写字呢。

4. 李老师正在上课呢。

5. 我去他宿舍的时候,他正听音乐呢。

6. 安娜睡觉呢。

"正/在/正在……呢"的否定形式是在动词前加"没(在)"。

The negative form of "正/在/正在……呢" is made by placing the negative adverb "没(在)" before the verb.

例: 他在看书呢,没(在)上网。

> 给下面的句子加"在""正""正在"和"正在……呢"。
> Make new sentences by using "正", "正在", or "正在……呢".

1. 他听音乐。_____

2. 我们喝咖啡。_____

3. 他们打篮球。_____

4. 我去的时候我朋友打电话。_____

5. 弟弟开爸爸新买的汽车。_____

二、"吧"问句 "吧-question"

"吧"问句是在陈述句后面加"吧",表示说话人设想一个事实,但需要对方确认,回答时只需根据事实回答。

A "吧-question" is formed by adding "吧" to the end of a statement. The speaker assumes something to be a fact, but is looking for confirmation from the listener.

例： 1. A: 你是日本人吧? B: 不,我是中国人。

2. A: 保罗出去买咖啡了吧? B: 对。

3. 他会说中文吧?

> 用"吧"问句完成对话。Complete the dialogues.

1. A：请问,_____吧?

   B：我不是老师,我是学生。

2. A：_____吧?

   B：我不是医生。

3. A：_____吧?

   B：不会,我只会说汉语。

会话实践 Dialogue practices

一、回答问题。 Read the dialogues again and answer the questions below.

对话1
1. 马丁在给谁打电话?
2. 他为什么打电话?
3. 他们几点见面?
4. 在哪里见面?

对话2
1. 美真在做什么呢?
2. 安娜找美真什么事?
3. 生日晚会什么时候举行?
4. 在哪里举行?
5. 保罗在不在教室?

二、角色扮演。

Repeat the dialogues and make a role play with your partners.

三、活学活用。 Study and use.

1. 在对话1中,他们为什么要说"请问"?
   白雪为什么要用"哪位"?
2. 请跟你的同学设计一个对话:你打电话找朋友一起去超市买东西,你们约好见面的时间和地点。

练习 Exercises

一、连字组词。Match the characters into words based on the pinyin given.

| jiànmiàn | yǒukòng | nǎwèi | dǎsuàn | zhǔnbèi |
| jǔxíng | wǎnhuì | cānjiā | yídìng | zhuǎngào |

有　一　打　准　晚　举　参　哪　转　见

定　备　空　算　加　告　会　面　行　位

二、听句子，并填空。 🎧 Listen and fill in the blanks.

1. 请问你是_____？

2. 今天下午你_____吗？我们_____，好吗？

3. 我_____举行一个生日_____，你能_____吗？

4. A: 在哪里举行？

　 B: _____在我的房间。

5. 保罗呢？_____买咖啡了吧？

6. 请你_____他，就说我请他也参加。

三、完成会话。Complete the dialogues.

1. A: 在做什么呢？

　 B: _____。

　 A: 今天晚上有空吗？

　 B: 有啊，什么事？

　 A: 我们_____，怎么样？

　 B: 好啊。几点见？

　 A: _____在_____见，怎么样？

　 B: 好！

2. A: 保罗，这个星期六有生日晚会，你去吗？

   B: 谁的生日？

   A: _____。

   B: 我去。星期六几点？

   A: _____就在_____。

四、听后复述。 Listen and retell.

　　王老师给马丁介绍了一个语伴，叫白雪。今天马丁给白雪打电话了，想跟她见见面。他们打算下午三点在图书馆门口见面。

　　这个星期六是安娜的生日。她准备举行一个生日晚会，请朋友们来参加。美真说她一定去。保罗出去买咖啡了，安娜让美真转告他，希望他也能参加。

五、请用手机给你的同学发两条信息。Please send two messages to your classmates.

白雪，你好。我是王老师的学生马丁。听王老师说你要找语伴，所以我很想认识你。今天下午三点你有空吗？我们在图书馆门口见个面，行不行？

保罗，这个星期六是安娜的生日。星期六晚上七点她准备在她的房间举行一个生日晚会，你能参加吗？

拓展 Advanced practices

一、练练嘴皮子。Oral exercises.

坡上立着一只鹅，
Pō shàng lì zhe yì zhī é,

坡下就是一条河。
pō xià jiù shì yì tiáo hé.

宽宽的河，肥肥的鹅，
Kuān kuān de hé, féi féi de é,

鹅要过河，河要渡鹅，
é yào guò hé, hé yào dù é,

不知是鹅过河，还是河渡鹅？
bù zhī shì é guò hé, háishì hé dù é?

二、口语惯用语。Colloquial terms.

当回事儿/不当回事儿
(Not) Take it seriously

"当回事儿"的意思是对某事很认真负责，或者很重视。"不当回事儿"的意思相反。

比如：

A：你记得帮我转告她，千万要当回事儿啊。
B：放心吧。

再比如：

老师：今天考试，你的同屋怎么没来？
学生：我早就告诉他了，但是他不把考试当回事儿。

请用"当回事儿"或"不当回事儿"做一个对话。

三、朗读。 Read aloud.

少林寺
Shàolínsì

在 嵩山，坐落 着 亚洲 最具 标志 性意义的佛教 寺院 之一。佛教 并 不 总 意味
Zài Sōngshān, zuòluò zhe Yàzhōu zuì jù biāozhì xìng yìyì de fójiào sìyuàn zhī yī. Fójiào bìng bù zǒng yìwèi

着 静静 打坐。1000 多 年 前，中国 的 僧侣 必须 学 会 在 战乱 中保护自己，
zhe jìngjìng dǎzuò. Yìqiān duō nián qián, Zhōngguó de sēnglǚ bìxū xué huì zài zhànluàn zhōng bǎohù zìjǐ,

相传 这个隐蔽而僻静的 寺院，不仅是 佛教 禅宗 的 发源 地，更 涌现 出
xiāngchuán zhè ge yǐnbì ér pìjìng de sìyuàn, bùjǐn shì fójiào chánzōng de fāyuán dì, gèng yǒngxiàn chū

很多 传奇 的 少林 高僧。 1500 年以来，融合了武术与宗教 信仰 的 少林
hěn duō chuánqí de Shàolín gāosēng. Yìqiānwǔbǎi nián yǐlái, rónghé le wǔshù yǔ zōngjiào xìnyǎng de Shàolín

功夫，在一群杰出僧人的 带领下，仍旧 保持 生机。
gōngfu, zài yì qún jiéchū sēngrén de dàilǐng xià, réngjiù bǎochí shēngjī.

——选自纪录片《鸟瞰中国(1)》（时段00:07:05 – 00:07:55）

The Shaolin Temple

In Song Shan mountain is one of the most iconic Buddhist monasteries in Asia. The Buddhism wasn't always about peaceful meditation. More than a millennium ago, its monks had to learn how to defend themselves in China's warlike past. According to legends, this secluded monastery is not only the birthplace of Zen Buddhism: here trained the legendary Shaolin monks. This fifteen-hundred-year-old fusion of kungfu and religion is kept alive by the leader of monks.

4 以后再说吧
Yǐhòu zài shuō ba

拒绝
Refusal

Lesson 4　Yǐhòu zài shuō ba

热身准备　Warming-up

1. 这是什么?
   What's this?
2. 中国人常常什么时候吃?
   When do Chinese usually have this?
3. 你吃早饭了吗?
   Have you had breakfast?

4. 这是什么面?
   What kind of noodle is this?
5. 你吃过吗?
   Have you ever had it?
6. 学校的食堂有没有?
   Does your canteen serve this?

7. 在食堂吃饭怎么付钱?
   How do you pay in your canteen?

会话　Dialogues

 读对话，把自己不明白的地方标出来。　Read and mark.

对话1　Dialogue 1

（课间休息，文丽饿了。）
（Kè jiān xiūxi, Wénlì è le.）

文丽：　好饿!
Wénlì:　Hǎo è!

林达：　没 吃 早饭 吗?
Líndá:　Méi chī zǎofàn ma?

文丽：　早上 起得晚，没 时间 买。
Wénlì:　Zǎoshang qǐ de wǎn, méi shíjiān mǎi.

林达：我买了两个包子，吃了一个，给你一个吧。
Líndá: Wǒ mǎi le liǎng ge bāozi, chī le yí ge, gěi nǐ yí ge ba.

文丽：谢谢。给你钱。
Wénlì: Xiè xiè. Gěi nǐ qián.

林达：不用了！
Líndá: Bú yòng le!

文丽：中午去哪里吃饭？
Wénlì: Zhōngwǔ qù nǎlǐ chīfàn?

林达：食堂。
Líndá: Shítáng.

（在食堂买面条……）
(Zài shítáng mǎi miàntiáo...)

师傅：汤面还是拌面？
Shīfu: Tāngmiàn háishì bànmiàn?

林达：拌面，加鸡丁。
Líndá: Bànmiàn, jiā jīdīng.

文丽：师傅，我跟她一样。哎呀，我忘带饭卡了。
Wénlì: Shīfu, wǒ gēn tā yíyàng. Āiya, wǒ wàng dài fànkǎ le.

林达：刷我的卡吧。
Líndá: Shuā wǒ de kǎ ba.

文丽：谢啦！我还你现金。
Wénlì: Xiè lā! Wǒ huán nǐ xiànjīn.

林达：以后再说吧！
Líndá: Yǐhòu zài shuō ba!

文丽：好借好还，再借不难，快收下吧。
Wénlì: Hǎo jiè hǎo huán, zài jiè bù nán, kuài shōu xià ba.

1. 好	hǎo	副 (adv.)	very, so
2. 饿	è	形 (adj.)	hungry
3. 汤面	tāngmiàn	名 (n.)	noodle in soup
4. 拌面	bànmiàn	名 (n.)	noodle with soy sauce
5. 鸡丁	jīdīng	名 (n.)	minced chicken
6. 一样	yíyàng	形 (adj.)	same
7. 师傅	shīfu	名 (n.)	people serving you in restaurants (usu. male)
8. 哎呀	āiyā	叹 (int.)	oh, oops
9. 忘	wàng	动 (v.)	to forget
10. 饭卡	fànkǎ	名 (n.)	the meal card
11. 刷	shuā	动 (v.)	to swipe, to pay (by card)
12. 现金	xiànjīn	名 (n.)	cash
13. 收	shōu	动 (v.)	to take

(During class break, Wenli is hungry.)

Wenli: So hungry!

Linda: Didn't you have breakfast?

Wenli: I got up early this morning, and had no time to buy any.

Linda: I bought two steamed buns and ate only one. I can let you have the other.

Wenli: Thank you. Here's the money.

Linda: Don't bother!

Wenli: Where do we have lunch?

Linda: At the canteen.

(They are buying noodle in the canteen …)

Waiter: Noodle in soup or noodle with soy sauce?

Linda: Noodle with soy sauce, and some minced chicken.

Wenli: Waiter, I want the same as hers. Oh, I forgot to take the meal card.

Linda: Use my card.

Wenli: Thank you! I'll pay you back in cash.

Linda: Let's talk about it later!

Wenli: Timely return of a loan makes it easier to borrow a second time. Just take it.

对话2 Dialogue 2

（课间 休息，马丁 和 山口 在 聊天。）
(Kè jiàn xiūxi, Mǎdīng hé Shānkǒu zài liáotiān.)

马丁：听老师 说，龙之梦 二 层 有家 饭馆儿，叫 外婆家，挺不错 的。
Mǎdīng: Tīng lǎoshī shuō, Lóngzhīmèng èr céng yǒu jiā fànguǎnr, jiào Wàipójiā, tǐng búcuò de.

山口：我 也 听说 过。
Shānkǒu: Wǒ yě tīngshuō guo.

马丁：下课 以后，一起 去 吧。
Mǎdīng: Xià kè yǐhòu, yìqǐ qù ba.

山口：真 不巧，我 不 能 去。今天 我 的 公司 有事，下 了 课 我 就 得 走。
Shānkǒu: Zhēn bù qiǎo, wǒ bù néng qù. Jīntiān wǒ de gōngsī yǒu shì, xià le kè wǒ jiù děi zǒu.

马丁：那 我们 明天 再 去 吧。
Mǎdīng: Nà wǒmen míngtiān zài qù ba.

山口：行。
Shānkǒu: Xíng.

14. 听说	tīngshuō	动 (v.)	to hear
15. 层	céng	名 (n.)	floor
16. 挺	tǐng	副 (adv.)	quite
17. 巧	qiǎo	形 (adj.)	coincidental

专有名词 Proper nouns

1. 龙之梦	Lóngzhīmèng	n.	Longzhimeng (a shopping mall)
2. 外婆家	Wàipójiā	n.	Grandma's Kitchen (a restaurant)

(During the class break, Martin and Yamaguchi are chatting.)

Martin: I've heard from the teacher that there's a wonderful restaurant in the 2nd floor in Longzhimeng Shopping Mall, called "Grandma's Kitchen".

Yamaguchi: I have heard of it.

Martin: Let's go there after class.

Yamaguchi: Unfortunately, I can't go. Today, I have something to do in my company. I have to take care of it after class.

Martin: Let's go tomorrow.

Yamaguchi: OK.

语法讲练 Grammar

一、程度补语 Complements of degree

程度补语用来表示动作完成的程度。

A complement of degree is used to indicate the degree of an action or the extent to which it is achieved.

例： 1. 今天我起得很晚。

2. 他打篮球打得很好。

3. 爸爸开车开得很快。

若将宾语前置，则无需重复同一动词。

When the object is put before the subject, there is no need to repeat the verb.

例： 1. 他英语说得很好。

2. 他汉字写得很慢。

否定词"不"应该放在形容词前，而不是动词前。

The negative word "不" should precede the adjective instead of the verb.

例： 他英语说得不好。

> 改错句。Correct the sentences below.

1. 医生让李小姐多喝水，因为她水喝太少。
2. 那个司机开车不开得慢。
3. 他哥哥打球打很高兴。

二、动态助词"了" The aspectual particle "了"

动作动词后面跟动态助词"了"表示过去发生的或者已完成的动作。

The aspectual particle "了" is suffixed to a verb to indicate the completion of an action.

例： 1. 你去哪儿了？我去食堂了。　　3. A: 你吃了几个包子？B: 我吃了两个包子。

2. A: 你吃什么了？B: 我吃包子了。　4. 下了课我就去公司。

"没有"和"没"都用于否定动作或状态已经发生。口语中多用"没"。否定时用了"没（有）"，就不用"了"。

"没有" and "没" are both used for the negation of completion of actions. "没" is used more in spoken Chinese. When "没(有)" is used for negation, "了" should not be used.

例： 1. 我没有吃饭。　　　　　　　　2. 他没去看电影。

（把"了"放在句中适当的位置。Insert "了" into the sentences below.）

1. 昨天我去公园看花。_____

2. 星期六我看一个电影。_____

（用"了"把下面的否定式改成肯定式。Change the negative forms into positive forms with "了".）

1. 星期天我没去公园。_____

2. 他没买两个包子。_____

 会话实践 Dialogue practices

一、回答问题。 Read the dialogues again and answer the questions below.

对话1
1. 文丽吃早饭了吗？为什么？
2. 林达早饭吃什么了？
3. 她们午饭去哪里吃？
4. 文丽为什么用林达的卡？
5. 文丽给林达钱了吗？

对话2
1. 马丁提议下课后去哪里？
2. 山口有什么事？
3. 他们什么时候去外婆家？

二、角色扮演。

Repeat the dialogues and make a role play with your partner.

三、活学活用。

Study and use.

"以后再说吧。" // "真不巧，我不能去。"

我们什么时候说这两个句子？

请分别用这两个句子设计两个对话。

练习 Exercises

一、连字组词。 Match the characters into words based on the pinyin given.

| tāngmiàn | yíyàng | fànkǎ | xiànjīn | shīfu |
| bànmiàn | jīdīng | tīngshuō | èrcéng | bùqiǎo |

师　　二　　汤　　不　　一　　现　　拌　　听　　鸡　　饭

层　　傅　　巧　　面　　金　　丁　　样　　面　　卡　　说

二、听句子，并填空。 🎧 Listen and fill in the blanks.

1. A: 好_____！B: 没吃早饭吗？

2. _____还是_____？

3. 哎呀，我忘带_____了。

4. 谢啦，我还你_____吧。

5. 听老师说，龙之梦_____有家饭馆，叫外婆家，_____不错的。

6. 真_____，我不能去。

三、回答问题。 Answer questions below.

1. 今天你几点起床的？起得早不早？
   _____

2. 今天你们班谁来得最早？谁来得最晚？
   _____

3. 你会说英语吗？你英语说得怎么样？
   _____

4. 你喜欢唱歌吗？你歌唱得怎么样？
   _____

5. 今天早上你吃什么了？吃了几个？
   _____

四、听后复述。 Listen and retell.

　　文丽早上起得晚，没时间买早餐。还没下课，她就饿了。课间休息的时候，林达给了她一个包子。中午，她们俩去食堂吃饭，文丽买了一碗拌面，刷卡的时候，她发现自己忘带饭卡了，只好刷了林达的卡。还钱的时候，林达不要，文丽说"好借好还，再借不难"，一定要她收下，林达只好收下了。

五、活动。 Activity.

你常去食堂吃早饭吗？请你写出几样早餐的名字和价格。

Do you often go to the canteen to have breakfast? Please write down several names and prices of the breakfast foods.

食物名称 food name	价格 price
1. 肉包子	_____ 元/个
2.	
3.	
4.	
5.	
6.	
7.	

拓展 Advanced practices

一、练练嘴皮子。Oral exercises.

一只青蛙一张嘴，
Yì zhī qīngwā yì zhāng zuǐ,

两只眼睛四条腿，
liǎng zhī yǎnjīng sì tiáo tuǐ,

扑通一声跳下水。
pūtōng yì shēng tiào xià shuǐ.

两只青蛙两张嘴，
Liǎng zhī qīngwā liǎng zhāng zuǐ,

四只眼睛八条腿，
sì zhī yǎnjīng bā tiáo tuǐ,

扑通扑通跳下水。
pūtōng pūtōng tiào xià shuǐ.

二、口语惯用语。Colloquial terms.

咱俩谁跟谁啊 We are close friends

"咱俩谁跟谁啊"指两人关系很好，有套近乎的意思。

比如：

A：这是我还你的早饭钱。

B：咱俩谁跟谁啊，就当我请你吃早饭，快把钱收回去。

再比如：

A：能不能麻烦你帮我买瓶可乐？

B：说什么麻烦，咱俩谁跟谁啊，一瓶够不够？多给你带两瓶？

请用"咱俩谁跟谁啊"做一个对话。

三、朗读。 Read aloud.

长城
Chángchéng

中国 的另一个伟大奇迹，并非出自大自然之手，绵延 20 000 多公里的长城，
Zhōngguó de lìng yí ge wěidà qíjì, bìng fēi chū zì dàzìrán zhī shǒu, miányán liǎng wàn duō gōnglǐ de Chángchéng,
由 中国 人 靠自己的 双手 造就，其作用就是阻止外敌入侵。古时候的 中国 社会，
yóu Zhōngguó rén kào zìjǐ de shuāngshǒu zàojiù, qí zuòyòng jiù shì zǔzhǐ wài dí rùqīn. Gǔ shíhòu de Zhōngguó shèhuì,
并 不 像 如今 这 般 祥和 稳定。那 时候 不同 的 民族 之间，常常发生大规模
bìng bú xiàng rújīn zhè bān xiánghé wěndìng. Nà shíhòu bù tóng de mínzú zhī jiān, chángcháng fāshēng dà guīmó
战争。古代 中国 连年 战火 不断，直到一位 皇帝 决定 修筑世界 上 最
zhànzhēng. Gǔdài Zhōngguó liánnián zhànhuǒ búduàn, zhídào yí wèi Huángdì juédìng xiūzhù shìjiè shàng zuì
宏伟 的 人工 建筑。这就是 中国 的万里 长城。
hóngwěi de réngōng jiànzhù. Zhè jiù shì Zhōngguó de Wàn lǐ Chángchéng.

——选自纪录片《鸟瞰中国（1）》（时段00:16:50-00:17:40）

The Great Wall

One great structure that didn't rise naturally from the earth is China's Great Wall. This thirteen-thousand-mile barrier was built by Chinese hands to protect the people from invading armies. China wasn't always the peaceful nation as it is today. Once upon a time it was all-out war between competing ethnic groups. It was destined to be a nation of constant war with itself until one man decided to build the world's largest man-made structure, the Great Wall of China.

四、分享交流。Information exchange.

请找一家饭馆的一张菜单，跟你的同学研究研究这张菜单，分别写出九个菜的名字和菜的原料。

1. ....

2. ....

3. ....

4. ....

5. ....

6. ....

7. ....

8. ....

9. ....

5 对不起，我来晚了
Duìbuqǐ, wǒ lái wǎn le

道歉
Apologizing

热身准备 Warming-up

1. 这个女生怎么了?
   What's wrong with the girl?
2. 你有没有这样的时候?
   Have you ever been like this?

3. 你去饭馆吃饭,有没有这种事情?
   Have you ever experienced this in a restraunt?

会话 Dialogues

 读对话,把自己不明白的地方标出来。 Read and mark.

对话1 Dialogue 1

(保罗 迟到 了。)
(Bǎoluó chídào le.)

保罗:对不起,我 来 晚 了。
Bǎoluó: Duìbuqǐ, wǒ lái wǎn le.

王 老师: 我们 八 点 上课,你 怎么 九 点 才来?
Wáng lǎoshī: Wǒmen bā diǎn shàng kè, nǐ zěnme jiǔ diǎn cái lái?

保罗:昨 晚 我 两 点 多 才 睡 着, 早上 没 听见 闹铃 响。
Bǎoluó: Zuó wǎn wǒ liǎng diǎn duō cái shuì zháo, zǎoshang méi tīng jiàn nàolíng xiǎng.

王 老师: 怎么 睡 得 那么 晚?
Wáng lǎoshī: Zěnme shuì de nàme wǎn?

保罗:昨天 咖啡 喝 多 了。
Bǎoluó: Zuótiān kāfēi hē duō le.

王 老师:下次 别 迟到,请 坐 吧。
Wáng lǎoshī: Xià cì bié chídào, qǐng zuò ba.

对不起，我来晚了　　第五课

1.	晚	wǎn	形 (adj.)	late
2.	才	cái	副 (adv.)	just
3.	睡着	shuìzháo	动 (v.)	to fall asleep
4.	听见	tīngjiàn	动 (v.)	to hear
5.	闹铃	nàolíng	名 (n.)	alarm
6.	响	xiǎng	名 (n.)	ring
7.	次	cì	名 (n.)	time
8.	别	bié	副 (adv.)	(do) not
9.	迟到	chídào	动 (v.)	to be late

(Paul is late.)

Paul: I'm sorry to be late.

Teacher: Our class started at 8:00. Why do you come at 9:00?

Paul: Last night I slept at 2:00 or so, and this morning I did not hear the alarm.

Teacher: Why did you sleep so late?

Paul: Had too much coffee yesterday.

Teacher: Don't be late next time. Go to your seat.

（马丁 和 山口 在 饭馆儿。）
(Mǎdīng hé Shānkǒu zài fànguǎnr.)

马丁：菜单 是 中文 的，你 能 看 懂 吗？
Mǎdīng: Càidān shì Zhōngwén de, nǐ néng kàn dǒng ma?

山口：能 看 懂 一点儿。
Shānkǒu: Néng kàn dǒng yì diǎnr.

马丁：我 什么 都 吃，你 随便 点。
Mǎdīng: Wǒ shénme dōu chī, nǐ suíbiàn diǎn.

山口：那 我 点 几个 特色 菜 吧。
Shānkǒu: Nà wǒ diǎn jǐ ge tèsè cài ba.

马丁：服务员，点 菜！
Mǎdīng: Fúwùyuán, diǎn cài!

（等 了20 分钟……）
(Děng le èrshí fēnzhōng...)

山口：服务员，我们 的 菜 怎么 还 没 来？
Shānkǒu: Fúwùyuán, wǒmen de cài zěnme hái méi lái?

服务员：真 抱歉，让 您 久 等 了。
Fúwùyuán: Zhēn bàoqiàn, ràng nín jiǔ děng le.

山口：我们 已经 等 了 20 分钟 了。
Shānkǒu: Wǒmen yǐjīng děng le èrshí fēnzhōng le.

服务员：现在 客人 比较 多，请 原谅。您 的 菜 马上 就 好。
Fúwùyuán: Xiànzài kèrén bǐjiào duō, qǐng yuánliàng. Nín de cài mǎshàng jiù hǎo.

10.	菜单	càidān	名 (n.)	menu
11.	随便	suíbiàn	形 (adj.)	randomly; as you like
12.	点菜	diǎncài	动 (v.)	to order foods
13.	特色菜	tèsè cài	名 (n.)	special dish
14.	抱歉	bàoqiàn	动 (v.)	to be sorry
15.	客人	kèrén	名 (n.)	guest
16.	原谅	yuánliàng	动 (v.)	to forgive
17.	马上	mǎshàng	副 (adv.)	immediately

(Martin and Yamaguchi are in a restaurant.)

Martin: The menu is in Chinese. Can you read it?

Yamaguchi: I can read a little.

Martin: I'll eat anything. You can order as you like.

Yamaguchi: Then I'd like to order a few special dishes.

Martin: Waiter, order!

(20 minutes later...)

Yamaguchi: Waiter, why are our dishes still not served?

Waiter: I'm sorry to have kept you waiting.

Yamaguchi: We have been waiting for 20 minutes.

Waiter: Now there are lots of guests, please forgive us. Your food will be ready soon.

语法讲练 Grammar

一、结果补语 The Complement of result

在谓语动词后面，表示动作结果的补充成分叫结果补语。一般使用单音节动词或某些形容词。常见的动词有：懂、会、见、给、着、完、到、成等等。常见的形容词有：好、坏、对、错、晚、多、少、干净、清楚、明白等等。否定副词应置于动词之前。

The complement of result is a complementary element following a verb predicate, indicating the result of an action. They are normally used with certain monosyllabic verbs or certain adjectives. A negative adverb should come before a verb.

例： 1. 我来晚了。
2. 这个字我写对了吗？
3. 菜都吃完了。
4. 你听懂了吗？
5. 我喝多了，不能开车。
6. 昨天我两点多才睡着。
7. 你说得太快，我没听懂。

填空。Fill in the blanks.

1. 我没看＿＿＿＿＿＿那个中文电影。（understand）

2. 你做＿＿＿＿＿＿作业了吗？（finish）

3. 对不起，我没听＿＿＿＿＿＿你的问题。（clear）

4. 那儿以前是个水果店，现在变＿＿＿＿＿＿一个饭馆了。（become）

5. 我们走＿＿＿＿＿＿地方了，他家不在这里。（wrong）

 会话实践 Dialogue practices

一、回答问题。Read the dialogues again and answer the questions below.

对话1

1. 保罗几点到的教室？

2. 他为什么来晚了？

3. 他为什么睡得那么晚？

对话2

1. 马丁能看懂菜单吗？山口呢？

2. 马丁让山口点什么菜？

3. 山口点了什么菜？

4. 他们的菜为什么上得那么晚？

二、角色扮演。
Repeat the dialogues and make a role play with your partner.

三、活学活用。
Study and use.

1. 请读一读这3个句子。

   ☆对不起，我来晚了。

   ☆真抱歉，让您久等了。

   ☆请原谅，您的菜马上就好。

2. 你和朋友约好中午十二点在饭馆吃饭，可是你十二点一刻才到。你应该跟你朋友说什么？
3. 你为什么迟到了？请你想一个理由。
4. 设计一个对话，对话里要有"对不起"和"真抱歉"。

Lesson 5　Duìbuqǐ, wǒ lái wǎn le

练习 Exercises

一、连字组词。Match the characters into words based on the pinyin given.

| shuì zháo | tīng jiàn | nàolíng | chídào | càidān |
| suíbiàn | diǎn cài | bàoqiàn | yuánliàng | mǎshàng |

随　点　睡　菜　抱　听　原　闹　迟　马

菜　歉　便　见　着　单　到　上　谅　铃

二、听句子，并填空。 Listen and fill in the blanks.

1. 我们八点上课，你怎么九点_____？

2. 昨晚我两点多_____，早上没听见_____响。

3. 下次_____了，请坐吧。

4. 我什么都吃，你_____点。

5. 真_____，让您久等了。

6. 现在客人比较多，请_____。你的菜_____就好。

三、用"就"和"才"填空。Fill in the blanks with "就" and "才".

1. 我们早就到了，你怎么_____来？

2. 你等一下，车马上_____到。

3. 今天的作业不多，我十分钟_____做完了。

4. 那里离学校不远，走路_____能到。

5. 飞机晚了两个多小时_____起飞。

四、听后复述。 Listen and retell.

　　我们八点上课，保罗九点才来。昨晚他喝了一杯咖啡，晚上两点多才睡着。早上闹铃响他没听见，所以迟到了。

　　马丁跟山口在饭馆儿吃饭，山口能看懂中文菜单，点了几个特色菜。可是等了20分钟菜还没上来。服务员说现在客人多，菜上得慢，非常抱歉。

五、活动。Activity.

你跟朋友约好10点在人民广场见面，可是路上堵车，你可能会迟到。请给你的朋友发一条微信。

拓展 Advanced exercises

一、练练嘴皮子。Oral exercises.

为了小事发脾气，
Wèi le xiǎo shì fā píqi,

回头想想又何必。
huí tóu xiǎng xiǎng yòu hébì.

别人生气我不气，
Biérén shēngqì wǒ bú qì,

气出病来无人替。
qì chū bìng lái wú rén tì.

二、口语惯用语。Colloquial terms.

够可以的 Out of expectation

"够可以的"的意思是做的事情超过了正常的范围，让人感到意外。

比如：学生 A：八点上课，你九点才来，真够可以的。
　　　学生 B：我这不是没听见闹钟响嘛。

再比如：A：听说了吗？他HSK考了两百八十多分。
　　　　B：真的假的？他够可以的啊。

请用"够可以的"做一个对话。

三、朗读。 Read aloud.

坎儿井
Kǎnrjǐng

吐鲁番是维吾尔族人的家园。从空中俯瞰，这片干燥而荒凉的沙漠上，
Tǔlǔfān shì Wéiwú'ěrzú rén de jiāyuán. Cóng kōngzhōng fǔkàn, zhè piàn gànzào ér huāngliáng de shāmò shàng,

布满了无数神秘的凹坑。它们的下面，是一道道有着2000年历史的暗渠，总
bù mǎn le wúshù shénmì de āokēng. Tāmen de xiàmiàn, shì yí dào dao yǒu zhe liǎngqiān nián lìshǐ de ànqú, zǒng

长度超过印度从南到北的距离。这就是坎儿井灌溉系统。……坎儿井不仅能
chángdù chāoguò Yìndù cóng nán dào běi de jùlí. Zhè jiù shì Kǎnrjǐng guàngài xìtǒng. ... Kǎnrjǐng bùjǐn néng

提供干净的饮用水，更令人不可思议的是，它每年都会为这片荒漠带来
tígòng gānjìng de yǐnyòng shuǐ, gèng lìng rén bùkěsīyì de shì, tā měi nián dōu huì wèi zhè piàn huāngmò dài lái

葡萄大丰收。
pútao dà fēngshōu.

——选自纪录片《鸟瞰中国（1）》（时段00:24:00-00:26:40）

Karez Canal

Turpan, home of the Uygur people, seen from the air is a dry and desolate dessert, dotted by thousands mysterious pock marks, holes that lead to a two-thousand-year-old subterranean system. That's longer than the length of India. This is the Karez canal network. ... It's not just about clean drinking, incredibly it helps the desert to produce tons of grapes annually.

6 太可惜了
Tài kěxī le

表达遗憾
Expressing regret

Lesson 6　Tài kěxī le

热身准备 Warming-up

1. 你有没有吃饭前拍照的习惯？
   Do you have the habit of taking pictures before eating?

2. 你见过这种动物吗？
   Have you ever seen this animal?
3. 在什么地方有？
   Where can you see it?

会话 Dialogues

 读对话，把自己不明白的地方标出来。 Read and mark.

对话1 Dialogue 1

（林达 的 手机 出 问题 了。）
（Líndá de shǒujī chū wèntí le.）

文丽：昨天 我 给 你 打 电话，你 手机 一直 关机，是 不 是 没 电 了？
Wénlì: Zuótiān wǒ gěi nǐ dǎ diànhuà, nǐ shǒujī yìzhí guānjī, shì bú shì méi diàn le?

林达：别 提 了。
Líndá: Bié tí le.

文丽：怎么 了？
Wénlì: Zěnme le?

林达：昨天 吃 火锅 时，手机 掉 进 汤 里 去 了。
Líndá: Zuótiān chī huǒguō shí, shǒujī diào jìn tāng lǐ qù le.

文丽：怎么 会 掉 进 汤 里 去 呢？
Wénlì: Zěnme huì diào jìn tāng lǐ qù ne?

林达：第一 次 吃 火锅，想 拍 个 照片，结果 就 掉 进 去 了。
Líndá: Dì yī cì chī huǒguō, xiǎng pāi ge zhàopiàn, jiéguǒ jiù diào jìn qù le.

文丽：你的 手机是不是 苹果 的?
Wénlì: Nǐ de shǒujī shì bú shì Píngguǒ de?

林达：是啊，我 好 心疼 啊！
Líndá: Shì a, wǒ hǎo xīnténg ā!

文丽：太 可惜 了!
Wénlì: Tài kěxī le!

1.	一直		yìzhí	副 (adv.)	all the time
2.	关机		guānjī	动 (v.)	to power off
3.	提		tí	动 (v.)	to mention
4.	火锅		huǒguō	名 (n.)	hot pot
5.	掉		diào	动 (v.)	to drop
6.	汤		tāng	名 (n.)	soup
7.	拍		pāi	动 (v.)	to take (a photo)
8.	照片		zhàopiàn	名 (n.)	photo
9.	结果		jiéguǒ	名 (n.)	result
10.	心疼		xīnténg	动 (v.)	to feel sorry/sad
11.	可惜		kěxī	动 (v.)	to regret, What a pity!

(Something is wrong with Linda's mobile phone.)

Wenli: Yesterday I called you but your phone was powered off all the time. Was it out of battery?

Linda: Forget it.

Wenli: What's wrong?

Linda: My mobile phone was dropped into the soup.

Wenli: How come?

Linda: It was my first time to eat hot pot, and I was taking a picture when it fell into the hot pot soup.

Wenli: Is it an iPhone?

Linda: Yes. I feel so sad!

Wenli: What a pity!

对话2 Dialogue 2

（文丽 想 跟 林达 一起 去 成都。）
（Wénlì xiǎng gēn Líndá yìqǐ qù Chéngdū.）

林达：对了，你打 电话 找 我 什么 事？
Líndá: Duì le, nǐ dǎ diànhuà zhǎo wǒ shénme shì?

文丽：下 星期我 想 去 成都 看 大熊猫， 顺便 吃吃 地道的 四川 火锅。
Wénlì: Xià xīngqī wǒ xiǎng qù Chéngdū kàn dàxióngmāo, shùnbiàn chīchi dìdao de Sìchuān huǒguō.

林达：我 好 想 去，可是我的 钱 不 够 了。
Líndá: Wǒ hǎo xiǎng qù, kěshì wǒ de qián bú gòu le.

文丽：为 什么？
Wénlì: Wèi shénme?

林达：我 刚 买了个新 手机。
Líndá: Wǒ gāng mǎi le ge xīn shǒujī.

文丽：真 遗憾，你不 能 跟 我一起去。
Wénlì: Zhēn yíhàn, nǐ bù néng gēn wǒ yìqǐ qù.

12. 大熊猫	dàxióngmāo	名 (n.)	panda
13. 顺便	shùnbiàn		by the way
14. 地道	dìdao	形 (adj.)	authentic, real
15. 够	gòu	形 (adj.)	enough
16. 遗憾	yíhàn	形 (adj.)	regretful

专有名词 Proper nouns

1. 成都	Chéngdū	名 (n.)	Chengdu, the capital city of Sichuan Province
2. 四川	Sìchuān	名 (n.)	Sichuan Province

(Wenli wants to go to Chengdu with Linda.)

Linda: Oh, by the way, why do you call me?

Wenli: I plan to go to Chengdu next week to see the pandas, and eat authentic Sichuan hot pot.

Linda: I'd love to, but I don't have enough money.

Wenli: Why?

Linda: Because I just have bought a new phone.

Wenli: It's such a pity that you can't go with me.

语法讲练 Grammar

一、复合趋向补语 The compound complement of direction

动词"上""下""进""出""回""过""起"等后面加上"来"或"去"（没有"起去"），可作其他动词的补语，表示动作的方向。这种趋向补语叫复合趋向补语。

When the verb "上", "下", "进", "出", "回", "过" or "起" is followed by "来" or "去" ("起去" is not acceptable), it may serve as the complement of another verb to express the direction of the action, which is called the compound complement of direction.

例： 1. 手机掉**进去**了。

2. 这个电脑坏了，不能用了，你们搬**出去**吧。

3. 电梯坏了，我们走**下去**吧。

4. 他从书包里拿**出来**一本中文书。

若句中有表示动词发展方向的地点词，应将之置于复合趋向补语的第二个字之前。

If there is a place word suggesting the direction toward which the action is heading, it should be put before the second character of the complement of compound direction.

例：1. 手机掉进汤里去了。　　　　　2. 老师走进教室去了。

> 请将下列句子译成中文。Translate the sentences into Chinese.

1. The moment that class was dismissed, she ran out of the classroom.
   _____

2. I like this pair of shoes a lot. I'd like to bring them home.
   _____

3. Would you like to eat the food here or take it back home to eat?
   _____

二、"是不是"构成的正反疑问句
The affirmative-negative question with "是不是"

对某一事实或情况已有估计，为了进一步证实，就用"是不是"构成的疑问句提问。"是不是"可以在谓语前，也可在句首或者句尾。

The affirmative-negative question with "是不是" is used to confirm what the speaker already believes. "是不是" can be placed before the predicate or at the beginning / end of the sentence.

例：1. 你手机一直关机，是不是没电了？

　　2. 他回国了，是不是？

　　3. 你是不是来过这里？

> 用"是不是"完成句子。Complete the sentences below.

1. 你好几天没来上课，_____？

2. 他这几天这么高兴，_____？

3. 飞机晚点了，_____？

会话实践 Dialogue practices

一、回答问题。Read the dialogues again and answer the questions below.

对话1
1. 文丽给林达打电话，林达为什么关机了？
2. 林达的手机为什么掉进汤里了？
3. 林达心疼她的手机吗？为什么？

对话2
1. 文丽找林达有什么事？
2. 林达想不想去？为什么不去？
3. 林达的钱为什么不够了？

二、角色扮演。

Repeat the dialogues and make a role play with your partner.

三、活学活用。

Study and use.

1. 你朋友的手机丢了，你该说什么？
2. 你朋友说好要跟你去新天地，可是他（她）现在有事，不能去，你会说什么？
3. 请用"太可惜了""太遗憾了"分别设计一个对话。

练习 Exercises

一、连字组词。Match the characters into words based on the pinyin given.

| yìzhí | guān jī | huǒguō | zhàopiàn | jiéguǒ |
| xīnténg | kěxī | shùnbiàn | dìdao | yíhàn |

心　　遗　　关　　结　　火　　一　　可　　地　　顺　　照

机　　憾　　果　　疼　　道　　惜　　片　　锅　　直　　便

二、听句子，并填空。Listen and fill in the blanks.

1. 昨天我给你打电话，你手机_____关机。

2. 昨天吃_____时，手机_____汤里去了。

3. 第一次吃火锅，想拍个_____，_____就掉进去了。

4. 下星期我想去成都看_____，顺便吃吃_____的四川火锅。

5. 我好想去，可是我的钱_____了。

6. 真_____，你不能跟我一起去。

三、说一说，写一写。Follow the example to raise questions.

例：我有点儿不舒服。→你是不是生病了？/你是不是不舒服？

1. 他昨天没来上课。→_____

2. 马丁不想去图书馆学习。→_____

3. 保罗出去了。→_____

4. 她今天很高兴。→_____

5. 林达哭了。→_____

四、听后复述。 Listen and retell.

　　林达今天吃火锅时，不小心把手机掉进汤里了。手机拿出来以后，不能用了。太可惜了！

　　文丽想去成都看大熊猫，问林达去不去。林达想去，可是钱不够了，因为买了一个新手机。文丽觉得非常遗憾。

五、看图说话，请用上"太可惜了"和"真遗憾"。
Look at the pictures and tell stories or make dialogues with "太可惜了" and "真遗憾".

拓展 Advanced practices

一、练练嘴皮子。Oral exercises.

粉红墙上画凤凰，
Fěnhóng qiáng shàng huà fènghuáng,

红凤凰，粉凤凰，
hóng fènghuáng, fěn fènghuáng,

粉红凤凰，花凤凰。
fěnhóng fènghuáng, huā fènghuáng.

二、口语惯用语。Colloquial terms.

喝凉水都塞牙 Bad luck!

"喝凉水都塞牙"的意思是非常倒霉。

比如：A：最近真是喝凉水都塞牙！
　　　B：怎么了？
　　　A：吃火锅，想拍个照片，结果手机就掉进锅里去了。

再比如：A：最近我手机坏了，钱包丢了，昨天还被一辆自行车撞了。别提多倒霉了。
　　　　B：这可真是喝凉水都塞牙啊！

请用"喝凉水都塞牙"做一个对话。

三、朗读。 Read aloud.

哈尼梯田
Hā'ní tītián

尽管 这一地区水资源 丰富，但如何把 水 留住是个问题。 1300 年前，当地
Jǐnguǎn zhè yí dìqū shuǐ zīyuán fēngfù, dàn rúhé bǎ shuǐ liú zhù shì ge wèntí. Yìqiānsānbǎi nián qián, dāngdì
的 哈尼族人奇迹般地 改变 了这里的地貌。为了 种植 农作物，他们 顺 着 山势，
de Hānízú rén qíjì bān de gǎibiàn le zhèlǐ de dìmào. Wèi le zhòngzhí nóngzuòwù, tāmen shùn zhe shānshì,
在 山坡 上 开垦出大大小 小 的 稻田，留住了雨水。这里的梯田，垂直高度超过
zài shānpō shàng kāikěn chū dà dà xiǎo xiǎo de dàotián, liú zhù le yǔshuǐ. Zhèlǐ de tītián, chuízhí gāodù chāoguò
1800 米，面积超过 1000 平方公里。比纽约市的面积还大。梯田是对山地自然
yìqiānbābǎi mǐ, miànji chāoguò yìqiān píngfāng gōnglǐ. Bǐ Niǔyuē shì de miànji hái dà. Tītián shì duì shāndì zìrán
生态 系统的 完美利用。
shēngtài xìtǒng de wánměi lìyòng.

——选自纪录片《鸟瞰中国（1）》（时段00:27:44-00:28:36）

Hani Terraces

Here there's plenty of water, but stopping it draining away is the problem. Thirteen hundred years ago, the local Hani people miraculously transformed the landscape. To grow their crops, they hand carved rice paddies into the mountains to trap the water. Rising above 6 000 feet and spreading over 30 086 square miles, larger than the size of New York City, the terraces harnesses the power of the mountain's ecosystem.

五、分享交流。Information exchange.

你有什么特别遗憾的事吗？试着告诉你的朋友。

1.
2.
3.
4.
5.
6.
7.
8.
9.

7 以后常来
Yǐhòu cháng lái

到中国人家里做客
Visiting a Chinese family

Lesson 7 Yǐhòu cháng lái

热身准备 Warming-up

1. 你送过别人礼物吗?
   Have you ever given gifts to other people?
2. 在你们国家，人们什么时候送礼?
   In your country, when do people give gifts?
3. 去别人家做客的时候，送不送礼物?
   Do you give gifts to the host when visiting his home?

4. 你去中国人家里吃过饭吗?
   Have you ever had meals in a Chinese family?

会话 Dialogues

读对话，把自己不明白的地方标出来。 Read and mark.

对话1 Dialogue 1

（白雪 请 马丁 到她家做客，爸爸开门，妈妈 从 厨房 出来迎接。）
（Bái Xuě qǐng Mǎdīng dào tā jiā zuòkè, bàba kāi mén, māma cóng chúfáng chūlai yíngjiē.）

白雪：爸、妈，这 就 是 马丁。
Bái Xuě: Bà、mā, zhè jiù shì Mǎdīng.

白雪爸：来 了啊，快 请 进，请 进。
Bái Xuě bà: Lái le a, kuài qǐng jìn, qǐng jìn.

马丁：叔叔阿姨好，给 你们 带 了 些 水果。
Mǎdīng: Shūshu āyí hǎo, gěi nǐmen dài le xiē shuǐguǒ.

白雪妈：怎么 还买 东西来? 真 是 乱 花钱。
Bái Xuě mā: Zěnme hái mǎi dōngxi lái? Zhēn shì luàn huāqián.

马丁：阿姨，这 是 我 的一点儿 心意。
Mǎdīng: Āyí, zhè shì wǒ de yìdiǎnr xīnyì.

（晚 饭 做 好 了，大家 准备 吃饭。）
（Wǎn fàn zuò hǎo le, dàjiā zhǔnbèi chīfàn.）

70

马丁：阿姨做了这么多菜，闻着好香啊！
Mǎdīng: Āyí zuò le zhème duō cài, wén zhe hǎo xiāng a!

白雪妈：那就多吃点儿，尝尝我的手艺。
Bái Xuě mā: Nà jiù duō chī diǎnr, chángchang wǒ de shǒuyì.

马丁：我常听白雪说您做菜特别好吃。
Mǎdīng: Wǒ cháng tīng Bái Xuě shuō nín zuò cài tèbié hǎochī.

白雪妈：就是一些家常菜，也不知道合不合你的口味。
Bái Xuě mā: Jiù shì yì xiē jiācháng cài, yě bù zhīdào hé bu hé nǐ de kǒuwèi.

马丁：您做的菜真好吃！比外面的好吃多了。
Mǎdīng: Nín zuò de cài zhēn hǎochī! Bǐ wàimian de hǎochī duō le.

……

1.	做客	zuòkè	动 (v.)	to visit one's home
2.	厨房	chúfáng	名 (n.)	kitchen
3.	迎接	yíngjiē	动 (v.)	to welcome
4.	乱	luàn	形 (adj.)	aimless
5.	花	huā	动 (v.)	to spend
6.	心意	xīnyì	名 (n.)	good will
7.	闻	wén	动 (v.)	smell
8.	香	xiāng	形 (adj.)	tasty
9.	尝	cháng	动 (v.)	to taste
10.	手艺	shǒuyì	名 (n.)	cooking ability
11.	家常菜	jiācháng cài	名 (n.)	home-made dishes
12.	合	hé	动 (v.)	to match
13.	口味	kǒuwèi	名 (n.)	taste

(Bai Xue invites Martin to her home. Her father opens the door and her mother comes out of the kitchen to greet Martin.)

Bai Xue: Mom, Dad, this is Martin.

Bai Xue's father: Hello, come on in!

Martin: Hello, uncle, aunt, I bring some fruit for you.

Bai Xue's mother: It is too kind of you to buy these. You don't need to spend money.

Martin: It's just an expression of gratitude, aunt.

(Dinner's ready, and everyone is at the table.)

Martin: So many dishes, they smell so good!

Bai Xue's mother: Then feel free to eat more and try the taste of my cooking.

Martin: I've always heard Bai Xue saying your cooking is extraordinarily tasty.

Bai Xue's mother: Just some home-made dishes. I hope you like them.

Martin: They are excellent! And they are much better than the dishes in the restaurant.

对话2 Dialogue 2

（白雪爸爸让马丁多吃点儿。）
（Bái Xuě bàba ràng Mǎdīng duō chī diǎnr.）

白雪爸：马丁，多吃点儿，多吃点儿。
Bái Xuě bà: Mǎdīng, duō chī diǎnr, duō chī diǎnr.

马丁：叔叔，我吃好了。
Mǎdīng: Shūshu, wǒ chī hǎo le.

白雪爸：你阿姨烧汤最拿手，再喝一碗。
Bái Xuě bà: Nǐ āyí shāo tāng zuì náshǒu, zài hē yì wǎn.

马丁：好好，我等一下自己来。
Mǎdīng: Hǎo hǎo, wǒ děng yíxià zìjǐ lái.

……

马丁：叔叔阿姨，今天真是谢谢你们了！
Mǎdīng: Shūshu āyí, jīntiān zhēn shì xièxie nǐmen le!

白雪爸：不用谢，你能来我们也很高兴。
Bái Xuě bà: Bú yòng xiè, nǐ néng lái wǒmen yě hěn gāoxìng.

马丁：时间不早了，我就不打扰你们了，你们也早点儿休息。
Mǎdīng: Shíjiān bù zǎo le, wǒ jiù bù dǎrǎo nǐmen le, nǐmen yě zǎo diǎnr xiūxi.

白雪妈：以后常来。
Bái Xuě mā: Yǐhòu cháng lái.

马丁：好的，叔叔阿姨我走了，再见啊！
Mǎdīng: Hǎo de, shūshu āyí wǒ zǒu le, zàijiàn a!

白雪妈：慢走啊！小雪，替我们送送马丁。
Bái Xuě mā: Màn zǒu a! Xiǎo xuě, tì wǒmen sòngsong Mǎdīng.

14.	烧	shāo	动 (v.)	to cook
15.	拿手	náshǒu	动 (v.)	to be good at
16.	再	zài	副 (adv.)	again
17.	打扰	dǎrǎo	动 (v.)	to bother
18.	替	tì	动 (v.)	to replace
19.	送	sòng	动 (v.)	to see sb. off

(Bai Xue's father asks Martin to eat some more.)

Bai Xue's father: Martin, please eat some more.

Martin: Uncle, I'm full.

Bai Xue's father: Your aunt is very good at cooking soup. Please have another bowl of soup.

Martin: No problem, I'll pick up another bowl myself.

……

Martin: Uncle, aunt, thank you so much today!

Bai Xue's father: You're welcome. We're also glad that you come.

Martin: It's late, and I won't bother you more. Please have an early rest.

Bai Xue's mother: OK, remember to come here often.

Martin: OK, goodbye, uncle. Goodbye, aunt!

Bai Xue's mother: Take care! Xiao Xue, help us to see Martin out.

Lesson 7　Yǐhòu cháng lái

语法讲练 Grammar

一、比较句(1)　Comparison sentence (I)

用介词"比"表示比较。
"比" is used in a comparison.

结构一 Structure I

A ＋ 比 ＋ B ＋ 形容词　　　　　　　例：1. 北京比上海大。
A ＋ 比 ＋ B ＋ Adj　　　　　　　　　　　2. 上海的人比北京的多。

结构二 Structure II

A ＋ 比 ＋ B ＋ 形容词 ＋ 多了　　　例：1. 今天比昨天热多了。
A ＋ 比 ＋ B ＋ Adj ＋ 多了　　　　　　　2. 您做的菜比外面的好吃多了。

> 写比较句。Create "比-Sentences".

1. 他的手机3 000块钱，我的手机2 000块钱。_____
2. 保罗20岁，马丁19岁。_____
3. 安娜身高一米七，美真身高一米六。_____

二、"多……" more...

"多"置于动词之前，表示一个人要在原有基础上增加做某事的频率。相反，"少"置于动词之前，表示一个人要在原有基础上减少做某事的频率。

"多" is put before a verb to express one should do something more. On the contrary, "少" is put before a verb to express one should do something less.

例：1. 马丁，多吃点儿，多吃点儿。
　　2. 医生让我多喝水，多休息。
　　3. 请大家多说中文，少说英文。

> 用"多……"完成句子。Complete the sentences below by using "多……".

1. 你想提高汉语水平，要_____。
2. 我太胖了，我要_____。

会话实践 Dialogue practices

一、回答问题。 Read the dialogues again and answer the questions below.

对话1

1. 马丁和白雪去了哪里?
2. 马丁带了什么礼物?
3. 白雪妈妈是不是不喜欢马丁的礼物?
4. 马丁觉得外面的菜好吃还是白雪妈妈做的菜好吃?

对话2

1. 马丁吃好了吗?
2. 白雪妈妈做什么最拿手?
3. 白雪爸爸让马丁做什么?
4. 马丁走的时候,白雪妈妈让白雪做什么?

二、角色扮演。

Repeat the dialogues and make a role play with your partner.

三、活学活用。

Study and use.

1. 如果你带白雪去你的家,白雪给你爸妈买了礼物,你爸妈会说什么?
2. 你爸妈会让白雪吃很多吗?
3. 白雪走的时候,你爸爸妈妈会怎么说?
4. 想一想,然后设计一个对话。

练习 Exercises

一、连字组词。 Match the characters into words based on the pinyin given.

zuòkè	chúfáng	yíngjiē	xīnyì	shǒuyì
kǒuwèi	huā qián	tèbié	dǎrǎo	náshǒu

迎　手　厨　口　花　打　心　拿　做　特

房　味　艺　接　意　别　客　钱　扰　手

二、听句子，并填空。 🎧 Listen and fill in the blanks.

1. 白雪请马丁到她家_____。
2. 怎么还买东西来？真是_____。
3. 阿姨做了这么多菜，_____好香啊！
4. 我常听白雪说您做的菜_____好吃。
5. 你阿姨烧汤最_____，再喝一碗。
6. 时间不早了，我就不_____你们了。

三、用所给词回答问题。 Answer questions with the words given.

1. 你请朋友吃饭，想让他吃得多一点，你怎么说？（多）
   _____

2. 怎么学好汉语？（多）
   _____

3. 有一家饭店的菜很好吃，你还想去，你怎么说？（再）
   _____

4. 同屋去超市，你想让他给你买一瓶水，你怎么说？（帮）
   _____

5. 你生病了，不能上课，想让同屋告诉老师，你怎么说?（替）

_____

四、听后复述。 Listen and retell.

　　白雪请我到她家做客，她的父母都出来迎接我。我给叔叔阿姨带了一些水果，阿姨说我买东西是乱花钱，可是我觉得这是我的一点儿心意。

　　阿姨做了很多菜，她的手艺很好，闻着很香。虽然是一些家常菜，但是比外面做的好吃多了，很合我的口味。叔叔一直让我多吃点儿，很快我就吃饱了，还喝了不少阿姨烧的汤。吃完饭，我不想打扰叔叔阿姨休息，就回来了。他们很热情，请我以后常去。今天过得真高兴！

五、活动。 Activity.

请调查一下不同国家的做客习俗，每个同学至少调查两个国家。

Ask your classmates about their customs of making visits to friends' family. Each student should at least ask two classmates from different countries.

国家	做客习俗
中国	客人来了以后，主人在厨房忙着做菜。 主人准备很多菜，满满一桌。 客人会带礼物，比如水果什么的，带礼物要看主人喜好。 吃饭时，主人会让客人多吃点儿。

拓展 Advanced practices

一、练练嘴皮子。Oral exercises.

出东门，过大桥，大桥前面一树枣。
Chū dōng mén, guò dà qiáo, dà qiáo qiánmiàn yí shù zǎo.

拿着竿子去打枣，青的多，红的少。
Ná zhe gānzi qù dǎ zǎo, qīng de duō, hóng de shǎo.

一个枣，两个枣，三个枣，四个枣，
Yí ge zǎo, liǎng ge zǎo, sān ge zǎo, sì ge zǎo,

五个枣，六个枣，七个枣，八个枣，
wǔ ge zǎo, liù ge zǎo, qī ge zǎo, bā ge zǎo,

九个枣，十个枣；十个枣，九个枣，
jiǔ ge zǎo, shí ge zǎo; shí ge zǎo, jiǔ ge zǎo,

八个枣，七个枣，六个枣，五个枣，
bā ge zǎo, qī ge zǎo, liù ge zǎo, wǔ ge zǎo,

四个枣，三个枣，两个枣，一个枣。
sì ge zǎo, sān ge zǎo, liǎng ge zǎo, yí ge zǎo.

二、口语惯用语。Colloquial terms.

会说话/不会说话
Be good/bad at talking

"会说话"的意思是说好听的、让人喜欢的话，"不会说话"的意思相反。

比如：A：阿姨，您做的菜真好吃！我都能吃光两碗米饭了。
　　　B：这孩子真会说话，多吃点儿啊，别跟我客气。

再比如：A：我男朋友真不会说话！气死我了。
　　　　B：怎么了？
　　　　A：昨天我问他我胖吗，他居然说我是有点儿胖，该减肥了。
　　　　B：他可真不会说话！

请用"会说话"或"不会说话"做一个对话。

三、朗读。 Read aloud.

驯鹰人
Xùn yīng rén

在 中国 西北部 的 新疆 清河 县，受 气候 条件 所限，这里 无法 开垦 梯田。在
Zài Zhōngguó xī běi bù de Xīnjiāng Qīnghé Xiàn, shòu qìhòu tiáojiàn suǒ xiàn, zhèlǐ wúfǎ kāikěn tītián. Zài
这 片 崎岖 不平 的 土地 上，食物 少 得 可怜。在 冬天 最 寒冷 的 日子，情况 更加
zhè piàn qíqū bù píng de tǔdì shang, shíwù shǎo de kělián. Zài dōngtiān zuì hánlěng de rìzi, qíngkuàng gèngjiā
糟糕。为了 生存，当地 哈萨克族人 的 一 项 古老 传统，已 延续 了 1000 多 年。许多
zāogāo. Wèi le shēngcún, dāngdì Hāsàkèzú rén de yí xiàng gǔlǎo chuántǒng, yǐ yánxù le yìqiān duō nián. Xǔduō
人 对 他们 的 一 项 本领 啧啧 称奇，那 就是 驯养 野生 鹰 为 他们 捕猎。
rén duì tāmen de yí xiàng běnlǐng zézé chēng qí, nà jiù shì xùnyǎng yěshēng yīng wèi tāmen bǔliè.

——选自纪录片《鸟瞰中国（1）》（时段00:32:30-00:33:08）

Eagle Tamer

In the far northwest province of Xinjiang Qinghe County, building rice terraces is not an option due to the climate. In this rugged landscape, food is scarce made worse by the harshest of winters. To survive, the local Kazakhs depend on a tradition more than a thousand years old to do something most would imagine impossible, to train a wild eagle to hunt.

四、分享交流。Information exchange.

你去中国或别的国家的朋友家做过客吗？谈谈是怎样的。

1.

2.

3.

4.

5.

6.

7.

8.

9.

8 祝贺你
Zhùhè nǐ

表示祝贺
Expressing congratulations

Lesson 8　Zhùhè nǐ

热身准备 Warming-up

1. 你参加过汉语水平考试吗?
   Have you ever had the HSK test?
2. 你打算参加这个考试吗?
   Are you going to take this exam in the future?

3. 中国人过生日有吃面条的习惯，你知道为什么吗?
   Why do Chinese eat noodles on birthday?

会话 Dialogues

 读对话，把自己不明白的地方标出来。 Read and mark.

对话1　Dialogue 1

（马丁 的 考试 成绩 出来 了。）
（Mǎdīng de kǎoshì chéngjì chūlai le.）

马丁: 我 的 HSK 考试 成绩 出来 了。
Mǎdīng: Wǒ de HSK kǎoshì chéngjì chūlai le.

白雪: 通过 了吗? 考 了 多少 分?
Bái Xuě: Tōngguò le ma? Kǎo le duōshǎo fēn?

马丁: 通过 了! 考 了 245 分。听力 80分，阅读 85分，书写 80分。
Mǎdīng: Tōngguò le! Kǎo le 245 fēn. Tīnglì 80fēn, yuèdú 85fēn, shūxiě 80fēn.

白雪: 考 得 真 好，祝贺你!
Bái Xuě: Kǎo de zhēn hǎo, zhùhè nǐ!

马丁: 这 要 感谢 你 的 帮助。
Mǎdīng: Zhè yào gǎnxiè nǐ de bāngzhù.

白雪: 我 也 告诉 你 一 个 好 消息。
Bái Xuě: Wǒ yě gàosù nǐ yí gè hǎo xiāoxi.

马丁：什么 好 消息？
Mǎdīng: Shénme hǎo xiāoxi?

白雪：我 找 到 工作 了！下 周 就 去 上班。
Bái Xuě: Wǒ zhǎo dào gōngzuò le! Xià zhōu jiù qù shàngbān.

马丁：真 的 吗？祝贺 你！
Mǎdīng: Zhēn de ma? Zhùhè nǐ!

白雪：今天 我们 应该 庆祝 一下。
Bái Xuě: Jīntiān wǒmen yīnggāi qìngzhù yíxià.

马丁：好 啊！
Mǎdīng: Hǎo a!

1.	考试	kǎoshì	名 (n.)	test
2.	成绩	chéngjì	名 (n.)	result, score
3.	通过	tōngguò	动 (v.)	to pass
4.	考	kǎo	动 (v.)	to take (an exam)
5.	分	fēn	名 (n.)	score
6.	祝贺	zhùhè	动 (v.)	to congratulate
7.	感谢	gǎnxiè	动 (v.)	to thank
8.	帮助	bāngzhù	动 (v.)	to help
9.	消息	xiāoxi	名 (n.)	news
10.	应该	yīnggāi	助动 (aux.)	should, to be supposed to
11.	庆祝	qìngzhù	动 (v.)	to celebrate

(Martin knows his test scores.)

Martin: My HSK result has come out.

Bai Xue: Do you pass it ? What are your scores?

Martin: Yes, I passed it! I got scores of 245, listening 80, reading 85 and writing 80.

Bai Xue: That's excellent, congratulations!

Martin: Thanks for your help.

Bai Xue: I'll tell you a good news too.

Martin: What's it?

Bai Xue: I'v found a job and I will go to work next week.

Martin: Really? Congratulations!

Bai Xue: We really should celebrate today.

Martin: OK!

对话2 Dialogue 2

（ 同学们　在安娜的　房间。）
（Tóngxuémen zài Ānnà de fángjiān.）

美真：安娜，祝 你 生日 快乐！我 和 同学们 送 你 一个 生日 蛋糕。
Měizhēn: Ānnà, zhù nǐ shēngrì kuàilè! Wǒ hé tóngxuémen sòng nǐ yí gè shēngrì dàngāo.

安娜：谢谢！好 大 的 蛋糕！
Ānnà: Xièxie! Hǎo dà de dàngāo!

马丁：安娜，我 给 你 买 了 束 花儿。祝 你 越 来 越 漂亮！
Mǎdīng: Ānnà, wǒ gěi nǐ mǎi le shù huār. Zhù nǐ yuè lái yuè piàoliang!

安娜：谢谢 你！
Ānnà: Xièxie nǐ!

保罗：安娜，山口 有 事 来 不 了，他 也 祝 你 生日 快乐！
Bǎoluó: Ānnà, Shānkǒu yǒu shì lái bù liǎo, tā yě zhù nǐ shēngrì kuàilè!

安娜：谢谢！大家 请 坐。今天 大家 一起 陪 我 过 生日，我 非常 感动 也 非常
Ānnà: Xièxie! Dàjiā qǐng zuò. Jīntiān dàjiā yìqǐ péi wǒ guò shēngrì, wǒ fēicháng gǎndòng yě fēicháng
　　　开心。
　　　kāixīn.

文丽：安娜，一会儿 我们 去 饭馆儿 吃 面条 吧。
Wénlì: Ānnà, yí huìr wǒmen qù fànguǎnr chī miàntiáo ba.

安娜：为 什么 要 吃 面条？
Ānnà: Wèi shénme yào chī miàntiáo?

文丽：王 老师 说，过 生日 要 吃 长寿 面，吃了 长寿 面，你 就 能 健康
Wénlì: Wáng lǎoshī shuō, guò shēngrì yào chī chángshòu miàn, chī le chángshòu miàn, nǐ jiù néng jiànkāng 长寿。
chángshòu.

安娜：好 啊！
Ānnà: Hǎo a!

12.	蛋糕	dàngāo	名 (n.)	cake
13.	束	shù	量 (measure word)	bunch
14.	越来越	yuè lái yuè	副 (adv.)	more and more
15.	感动	gǎndòng	形 (adj.)	touched
16.	开心	kāixīn	形 (adj.)	happy
17.	陪	péi	动 (v.)	to accompany
18.	长寿	chángshòu	形 (a.)	long-lived
19.	健康	jiànkāng	形 (adj.)	healthy

(The classmates are in Anna's room.)

Meizhen: Anna, happy birthday to you! We have brought you a birthday cake.

Anna: Thank you all! How big it is!

Martin: Anna, I bought you a bunch of flowers, and hope you become more and more beautiful!

Anna: Thank you!

Paul: Anna, Yamaguchi has something else to do but he asked me to bring his greetings to you.

Anna: Thank you! Everyone please sit down. Thank you all for coming to my birthday party. I am so impressed and so happy.

Wenli: Anna, let's go to the restaurant to have some noodles, shall we?

Anna: Why do we eat noodles?

Wenli: Ms. Wang said on birthday you have to eat noodles to wish a longer life.

Anna: Sounds great, let's go!

语法讲练 Grammar

一、可能补语 Complement of potentiality

可能补语用来表示某人是否有能力做某事或者做某事是否有可能。肯定式用"得"，否定式用"不"。

Complements of potentiality are used to indicate whether or not one has the ability to do something, or whether or not it is possible to do something. "得" is used for affirmative sentences and "不" for negative sentences.

例：1. 这么多菜，你吃得完吗？

2. 菜太多了，我吃不完。

3. 今天的课文很容易，我们都看得懂。

4. 这本书太难了，我看不懂。

二、动词"了"作可能补语
The verb "了" as a complement of potentiality

动词"了"表示"完毕"或"结束"的意思。常用在动词后，构成可能补语，表示对行为实现的可能性做出估计。

The verb "了" means "to finish", "to complete". It is often put after the verb to form a complement of potential. Such a structure makes assessment of the possible execution of an action.

例：1. 看样子山口有事来不了。

2. 明天你去得了公园吗？

3. 天气这么差，下午还踢得了球吗？

4. 你这么忙，参加不了我的毕业典礼了吧！

"了"有时作可能补语仍旧表示"完毕"的意思。

Sometimes it still means "completion".

例：1. 这么多菜，我吃不了。

2. 你一个人喝得了三瓶啤酒吗？

选择填空。Fill in the blanks.

拿不了　　　参加得了　　　去不了　　　用不了

1. 我没买到火车票，_____那儿了。

2. 明天晚上我准备举行一个生日晚会，你_____吗？

3. 东西太多了，她一个人_____，你去帮帮她吧。

4. 今天的作业不多，_____半个小时就能做完。

Lesson 8 Zhùhè nǐ

 会话实践 Dialogue practices

一、回答问题。 Read the dialogues again and answer the questions below.

对话1
1. 马丁通过HSK考试了吗?
2. 他考了多少分?
3. 他为什么感谢白雪?
4. 白雪有什么好消息?
5. 他们打算做什么?

对话2
1. 美真跟别的同学送了安娜什么礼物?
2. 谁给安娜买了一束花儿?
3. 山口来了没有?
4. 安娜为什么又感动又开心?
5. 一会儿他们去哪里?

二、角色扮演。

Repeat the dialogues and make a role play with your partner.

三、活学活用。

Study and use.

1. 马丁通过了HSK考试,白雪找到了工作,他们的愿望都实现了。你有什么愿望?说说你的愿望。
2. 如果你的愿望实现了,你的好朋友会说什么?
3. 想一想,然后设计一个对话。

练习 Exercises

一、连字组词。Match the characters into words based on the pinyin given.

kǎoshì　　chéngjì　　tōngguò　　zhùhè　　gǎnxiè
bāngzhù　　xiāoxi　　yīnggāi　　qìngzhù　　dàngāo

消　感　成　应　通　庆　帮　蛋　考　祝

绩　该　息　谢　祝　试　糕　贺　过　助

二、听句子，并填空。Listen and fill in the blanks.

1. 我的HSK_____出来了。

2. _____了！考了245分。

3. 考得真好，_____你！

4. 我也告诉你一个好_____。

5. 我和同学们送你一个生日_____。

6. 今天大家一起陪我过生日，我非常_____也非常_____。

三、用所给词完成句子。Complete the sentences with the words given.

1. 我这次能通过考试，_____。（感谢）

2. _____，明天我们没有课。（消息）

3. 你感冒了，_____。（应该）

4. 我要去医院，_____。（陪）

5. 这次HSK考试我考了179分，_____。（通过）

四、听后复述。Listen and retell.

　　马丁通过了HSK考试，白雪也告诉马丁一个好消息，她找到工作了，下周就去上班。他们非常高兴，要去庆祝一下。

今天是安娜的生日，同学们送她一个生日蛋糕。马丁给她买了束花儿，祝她越来越漂亮。山口有事来不了，但他祝安娜生日快乐。大家一起陪安娜过生日，她非常感动，也非常开心。他们一会儿还要去饭馆儿吃面条，因为王老师说过生日要吃长寿面，吃了长寿面，就能健康长寿。

五、活动。Activity.

假设你的朋友或家人过生日，你要送他（她）一个礼物，然后要在贺卡上写上生日祝福。
What birthday gift will you give to your friends or family members? Write down the gifts and your birthday wishes to them.

谁的生日？	什么礼物？	生日祝福

拓展 Advanced practices

一、练练嘴皮子。Oral exercises.

金缕衣
Jīn lǚ yī

（唐 杜秋娘）
(Táng Dù Qiūniáng)

劝君莫惜金缕衣，劝君惜取少年时。
Quàn jūn mò xī jīn lǚ yī, quàn jūn xī qǔ shàonián shí.

花开堪折直须折，莫待无花空折枝。
Huā kāi kān zhé zhí xū zhé, mò dài wú huā kōng zhé zhī.

二、口语惯用语。Colloquial terms.

动词+砸了
Fail (to do)

"动词+砸了"的意思是某事没做好或者失败了,动词常用"搞""考"等。

比如:A:这件事被我搞砸了。　　再比如:A:这次考得怎么样?
　　 B:别怪自己,没事的。　　　　　　 B:别提了,考砸啦。

请用"动词+砸了"做一个对话。

三、朗读。Read aloud.

天马节
Tiānmǎjié

昭苏县,位于新疆最远端。这是一片偏远的边陲之地,有着广阔
Zhāosū Xiàn, wèi yú Xīnjiāng zuì yuǎn duān. Zhè shì yí piàn piānyuǎn de biānchuí zhī dì, yǒu zhe guǎngkuò
无垠的平原,面积达2 600平方公里。这里是哈萨克族人的家园,5 500
wúyín de píngyuán, miànji dá liǎngqiān liùbǎi píngfāng gōnglǐ. Zhèlǐ shì Hāsàkèzú rén de jiāyuán, wǔqiānwǔbǎi
年前,这里的哈萨克族人就开始驯养野马。上千年前,哈萨克族人就以驯养
nián qián, zhèlǐ de Hāsàkèzú rén jiù kāishǐ xùnyǎng yěmǎ. Shàng qiān nián qián, Hāsàkèzú rén jiù yǐ xùnyǎng

亚洲 最 精良 的 战马 而 闻名。 现在 人们 驯养 马匹， 是为了参加一年一度竞争
Yàzhōu zuì jīngliáng de zhànmǎ ér wénmíng. Xiànzài rénmen xùnyǎng mǎpǐ, shì wèile cānjiā yì nián yí dù jìngzhēng
激烈 的 天马节。
jīliè de Tiānmǎjié.

——选自纪录片《鸟瞰中国（1）》（时段00:37:06-00:38:20）

Heavenly Horse Festival

In the farthest reaches of Xinjiang Province is Zhaosu County, a land as remote as you could imagine, with huge expansive plains covering four thousand square miles. This is the home of the Kazaks, and it was here 5 500 years ago that the Kazaks began to tame wild horses. The Kazaks have a millennia-old reputation for breeding some Asia's best war horses. Today the horses are bred and trained for the highly competitive annual event known as the Heavenly Horse Festival.

9 别玩儿手机了！
Bié wánr shǒujī le!

劝告
Advising

Lesson 9 Bié wánr shǒujī le!

热身准备 Warming-up

1. 你白天感到困吗？
   Do you feel sleepy in daytime?
2. 你熬过夜吗？
   Do you stay up late?
3. 你熬夜干什么？
   What do you do to stay up late?

4. 你有没有睡觉前看手机的习惯？
   Do you have the habit of using mobile phone before sleeping?
5. 睡前看手机对身体有什么影响？
   What negative influences will it bring to your health if you use your mobile phone before sleeping?

6. 这个人在做什么呢？
   What is this man doing?
7. 这样做安全不安全？
   Is it safe doing this?

会话 Dialogues

 读对话，把自己不明白的地方标出来。 Read and mark.

对话1 Dialogue 1

（上 课 的 时候， 美真 头疼。）
（Shàng kè de shíhou, Měizhēn tóuténg.）

安娜：美真，你 怎么 了？
Ānnà: Měizhēn, nǐ zěnme le?

美真：没什么，头有点儿疼。
Měizhēn: Méi shénme, tóu yǒu diǎnr téng.

安娜：昨晚没睡好吗？
Ānnà: Zuó wǎn méi shuì hǎo ma?

美真：熬夜看了个电视剧。
Měizhēn: Áoyè kàn le ge diànshìjù.

安娜：你怎么又熬夜了？难怪你头疼呢。
Ānnà: Nǐ zěnme yòu áoyè le? Nánguài nǐ tóuténg ne.

美真：哎，那个剧实在太好看了。
Měizhēn: Āi, nà ge jù shízài tài hǎokàn le.

安娜：别熬夜了，对身体不好。
Ānnà: Bié áoyè le, duì shēntǐ bù hǎo.

美真：可是不看完，我就不舒服。
Měizhēn: Kěshì bú kàn wán, wǒ jiù bù shūfu.

安娜：你可以白天看嘛。
Ānnà: Nǐ kěyǐ báitiān kàn ma.

美真：白天不是要上课吗？
Měizhēn: Báitiān bú shì yào shàng kè ma?

安娜：你这样多影响学习啊。下次可别这样了！
Ānnà: Nǐ zhèyàng duō yǐngxiǎng xuéxí ya. Xià cì kě bié zhèyàng le!

1. 头疼	tóuténg	动 (v.)	to have a headache
2. 熬夜	áoyè	动 (v.)	to stay up late
3. 电视剧	diànshìjù	名 (n.)	TV series
4. 难怪	nánguài	副 (adv.)	no wonder
5. 实在	shízài	副 (adv.)	really
6. 别	bié	副 (adv.)	don't
7. 舒服	shūfu	形 (adj.)	comfortable
8. 白天	báitiān	名 (n.)	daytime
9. 嘛	ma	语气词 (particle)	a modal particle to stress affirmative statement
10. 这样	zhèyàng	副 (adv.)	in this way
11. 影响	yǐngxiǎng	动 (v.) / 名 (n.)	influence; affect

(Meizhen has a headache in class.)

Anna: Meizhen, what's wrong with you?

Meizhen: Nothing, just a headache.

Anna: You didn't sleep well last night?

Meizhen: I stayed up late watching TV series last night.

Anna: You stayed up late again? No wonder you get headaches.

Meizhen: Oh, that TV series is wonderful.

Anna: Stop staying up late, for it's bad for your health.

Meizhen: But I won't feel comfortable if I don't finish watching it.

Anna: You can watch it at the day time.

Meizhen: Well, we have to attend classes at day, don't we?

Anna: But it will affect your study if you keep doing this.

对话2 Dialogue 2

（ 张　明　开车　送　白雪　去　学校。）
（ Zhāng Míng kāi chē sòng Bái Xuě qù xuéxiào.）

白雪：你开车 别 玩儿手机，不 安全。
Bái Xuě: Nǐ kāi chē bié wánr shǒujī, bù ānquán.

张　明：没事，我技术好。
Zhāng Míng: Méi shì, wǒ jìshù hǎo.

白　雪：那也不能玩儿。
Bái Xuě: Nà yě bù néng wánr.

张　明：没关系，我开得慢。
Zhāng Míng: Méi guānxì, wǒ kāi de màn.

白　雪：开车玩儿手机容易出事故。昨天学校前边就出交通事故了，那个司机
Bái Xuě: Kāi chē wánr shǒujī róngyì chū shìgù. Zuótiān xuéxiào qiánbian jiù chū jiāotōng shìgù le, nà ge sījī
　　　　因为看手机撞人了。
　　　　yīnwèi kàn shǒujī zhuàng rén le.

张　明：真的吗？
Zhāng Míng: Zhēn de ma?

白　雪：你得注意安全啊！
Bái Xuě: Nǐ děi zhùyì ānquán na!

张　明：好，我以后不看了。
Zhāng Míng: Hǎo, wǒ yǐhòu bú kàn le.

12.	安全	ānquán	形 (adj.)	safe
13.	技术	jìshù	名 (n.)	skill
14.	交通	jiāotōng	名 (n.)	transportation
15.	事故	shìgù	名 (n.)	accident
16.	撞	zhuàng	动 (v.)	to bump against

(Zhang Ming drives Bai Xue to the campus.)

Baixue: It's not safe using your mobile phone while you are driving. Stop it.

Zhang Ming: It won't be a problem, because my driving skills are very good.

Baixue: Even so you'd better not.

Zhang Ming: It's OK, I'll drive slowly.

Baixue: It will easily cause accidents if you use your mobile phone while driving. Yesterday there was an accident in front of our school because the driver was using his mobile phone when he hit someone. The driver knocked down a person.

Zhang Ming: Really?

Baixue: You have to watch out for the traffic!

Zhang Ming: Fine, I won't use my mobile phone then.

语法讲练 Grammar

一、"有点儿"作状语 "有点儿" as an adverbial adjunct

"有点儿"在动词或形容词前作状语，表示程度轻微，并带有不如意的意思。

When used as an adverbial adjunct before a verb or an adjective, "有点儿" denotes "a slight degree" and carries a tone of dissatisfaction.

1. 我的头有点儿疼。

2. 这里的菜有点儿贵。

用"有点儿"和"一点儿"填空。Fill in the blanks.

1. 这件衣服_____长，有没有短_____的?

2. 太贵了！便宜_____，好吗?

3. 最近我_____忙，房间里_____乱。

二、存现句 Existential sentence

存现句用来表示事物存在、出现或消失的情况。主语常是处所词。

Existential sentences are used to describe the existence, emergence, or disappearance of something. The subject is usually a place word.

例： 1. 学校前边出交通事故了。

　　 2. 那边过来一个人。

　　 3. 桌子上摆着一本词典。

组句。Make sentences by the words given.

1. 画儿　一幅　墙上　挂着 _____

2. 那边　开来　车　一辆 _____

3. 来　了　前边　一个人 _____

别玩儿手机了！ 第九课

 会话实践 Dialogue practices

一、回答问题。Read the dialogues again and answer the questions below.

对话1
1. 美真怎么了？
2. 她昨晚睡好了吗？
3. 她为什么熬夜？
4. 她为什么白天不看电视剧？
5. 安娜为什么不让美真熬夜？

对话2
1. 张明开车的时候在做什么？
2. 白雪说开车玩手机会怎么样？
3. 昨天学校前边出什么事故了？
4. 他以后开车还看手机吗？

二、角色扮演。

Repeat the dialogues and make a role play with your partner.

三、活学活用。

Study and use.

1. 我们每个人都有不好的习惯，比如美真常熬夜，张明开车玩手机，你有什么不好的习惯？
2. 这个习惯有什么坏处？
3. 想一想，然后做一个对话。

练习 Exercises

一、连字组词。Match the characters into words based on the pinyin given.

tóu téng   áoyè   nánguài   shízài   shūfu
yǐngxiǎng   ānquán jìshù   jiāotōng shìgù

难 事 舒 熬 技 实 影 交 头 安

服 夜 故 怪 通 全 疼 术 在 响

二、听句子，并填空。 Listen and fill in the blanks.

1. 你怎么又_____了？_____你头疼呢？
2. 不看完，我就不_____。
3. 你这样多_____学习啊。
4. 你开车别玩儿手机，不_____。
5. 开车玩儿手机容易_____。
6. 昨天学校前边就出_____了。

三、用所给词回答问题。Answer questions with the words given.

1. 明天八点考试，_____。（别）
2. 那个电影_____！（实在）
3. 早上不吃饭_____。（影响）
4. _____，只考了59分。（难怪）
5. 老师，我今天_____，不能来上课。（舒服）

四、听后复述。Listen and retell.

美真今天有点儿头疼。她昨晚熬夜看了个电视剧。安娜说熬夜对身体不好，电视剧可以白天看。美真觉得不看完，她就不舒服，白天没有时间看。安娜说这样影响学习。

张明开车玩手机，白雪让他别玩了，可是他觉得自己开车技术好，没关系。白雪说开车玩儿手机容易出事故，昨天学校前边就出交通事故了，一个司机因为看手机撞人了。张明说他以后不看了。

五、活动。Activity.

问问你的同学,他(她)有什么坏习惯?这个习惯有什么坏处?
Ask your classmates: Do they have any bad habits? Why are those habits bad ones?

名字	有什么坏习惯?	有什么坏处?
美真	熬夜	对身体不好,影响学习

拓展 Advanced practices

一、练练嘴皮子。Oral exercises.

学习真辛苦,就想去跳舞。
Xuéxí zhēn xīnkǔ, jiù xiǎng qù tiàowǔ.

学习真是累,做梦也想睡。
Xuéxí zhēn shì lèi, zuòmèng yě xiǎng shuì.

学习真是烦,真想出去玩。
Xuéxí zhēn shì fán, zhēn xiǎng chū qù wán.

二、口语惯用语。Colloquial terms.

耳边风/耳旁风
Unheeded advice

"耳边风/耳旁风"的意思是听过但不放在心上的话(别人的劝告、嘱咐)。

比如: A: 早点睡觉,别熬夜看电视剧。听到没有?别把我的话当耳边风/耳旁风。
       B: 知道了。

再比如: A: 小王开车时用手机出事故了,你听说了吗?
         B: 早就告诉过他别那样,他当我的话是耳边风/耳旁风。

请用"耳边风/耳旁风"做一个对话。

三、朗读。 Read aloud.

哈尔滨冰雪节
Hā'ěrbīn bīngxuějié

哈尔滨，素有中国冰城之称。冬季最低温度，可达到零下38摄氏度，
Hā'ěrbīn, sù yǒu Zhōngguó bīng chéng zhī chēng. Dōngjì zuì dī wēndù, kě dá dào líng xià sānshíbā shèshìdù,
将近10 000名工人，正在冰封的松花江上，切割并运输体积最大的冰块，
jiāngjìn yíwàn míng gōngrén, zhèng zài bīngfēng de Sōnghuājiāng shàng, qiē gē bìng yùnshū tǐjī zuì dà de bīng kuài,
每块重达250公斤。这个节日历史不长，却是从17世纪的一项历史传统
měi kuài zhòng dá èrbǎiwǔshí gōngjīn. Zhè ge jiérì lìshǐ bù cháng, què shì cóng shíqī shìjì de yí xiàng lìshǐ chuántǒng
中发展而来的。那时，渔民会用冰块制作冰灯。在接下来的一周内，艺术家要
zhōng fāzhǎn ér lái de. Nà shí, yúmín huì yòng bīng kuài zhìzuò bīngdēng. Zài jiē xià lái de yì zhōu nèi, yìshùjiā yào
加紧把这些取自当地的丰富冰块，变成令人叹为观止的冰雪奇观。
jiājǐn bǎ zhè xiē qǔ zì dāngdì de fēngfù bīng kuài, biàn chéng lìng rén tànwéiguānzhǐ de bīngxuě qíguān.
这就是盛大的哈尔滨国际冰雪节。
Zhè jiù shì shèngdà de Hā'ěrbīn guójì bīngxuějié.

——选自纪录片《鸟瞰中国（1）》（时段00:40:07-00:40:53）

Harbin Ice and Snow Festival

Harbin, renowned as the Ice City in China, can reach minus 38 degrees Fahrenheit in winter. Nearly 10,000 workers have been dragging and cutting giant blocks of ice from the frozen Songhua River, 550 pounds' ice cubes. This is a new festival but based on the 17th century tradition when fishermen carved lanterns from ice. Over the next week artists will race to transform this plentiful local resource into a giant frozen wonderland, the Harbin ice and snow festival.

10. 明天比今天还热呢

Míngtiān bǐ jīntiān hái rè ne

谈论天气、比较
Talking about weather / Making comparisons

Lesson 10 Míngtiān bǐ jīntiān hái rè ne

热身准备 Warming-up

1. 上海的夏天热不热?
   Is it hot in Shanghai in summer?
2. 你们国家的夏天热不热?
   Is it hot in summer of your country?
3. 天热的时候,你怎么办?
   What will you do on a hot day?

4. 来上海以后,你叫过外卖吗?
   Have you ever ordered takeout in Shanghai?
5. 你知道怎么叫外卖吗?
   Do yo know how to order takeout?
6. 什么人最喜欢叫外卖?
   What kinds of people like ordering takeout most?

会话 Dialogues

 读对话,把自己不明白的地方标出来。 Read and mark.

对话1 Dialogue 1

(马丁、保罗、文丽在谈论上海的天气。)
(Mǎdīng、Bǎoluó、Wénlì zài tánlùn Shànghǎi de tiānqì.)

马丁: 上海的夏天可真热!
Mǎdīng: Shànghǎi de xiàtiān kě zhēn rè!

保罗: 是啊,又闷又热。一大早我就出了一身汗。
Bǎoluó: Shì a, yòu mēn yòu rè. Yí dà zǎo wǒ jiù chū le yì shēn hàn.

马丁: 快打开空调。
Mǎdīng: Kuài dǎ kāi kōngtiáo.

保罗: 天气预报说,明天比今天还热呢。
Bǎoluó: Tiānqì yùbào shuō, míngtiān bǐ jīntiān hái rè ne.

马丁: 真的吗?
Mǎdīng: Zhēn de ma?

保罗：你看，明天的最高气温比今天高两度呢。
Bǎoluó: Nǐ kàn, Míngtiān de zuì gāo qìwēn bǐ jīntiān gāo liǎng dù ne.

马丁：文丽，你不觉得热吗？
Mǎdīng: Wénlì, nǐ bù juéde rè ma?

文丽：我们那儿虽然在热带，但是也没有上海这么热。
Wénlì: Wǒmen nàr suīrán zài rèdài, dànshì yě méiyǒu Shànghǎi zhème rè.

马丁：我真受不了，下了课咱们去游泳吧。
Mǎdīng: Wǒ zhēn shòu bu liǎo, xià le kè zánmen qù yóuyǒng ba.

1.	可	kě	副 (adv.)	so
2.	闷	mèn	形 (adj.)	suffocating
3.	出汗	chūhàn	动 (v.)	to sweat
4.	空调	kōngtiáo	名 (n.)	air conditioner
5.	预报	yùbào	名 (n.)	forecast
6.	还	hái	副 (adv.)	still
7.	气温	qìwēn	名 (n.)	temperature
8.	虽然	suīrán	连 (conj.)	although
9.	热带	rèdài	名 (n.)	tropical zone
10.	受不了	shòu bú liǎo		cannot stand sth

(Martin, Paul, Wenli are talking about Shanghai's weather.)

Martin: It is so hot in Shanghai's summer.

Paul: Yes, it is hot and suffocating. I've been sweating all the morning.

Martin: Let's open the air conditioner.

Paul: Weather forecast says tomorrow will be even hotter.

Martin: What?

Paul: See, the highest temperature tomorrow is 2 degrees higher than that of today.

Martin: Wenli, don't you feel hot?

Wenli: Although our country is in the tropical area, it is no hotter than here in Shanghai.

Martin: I can't stand it any more. Let's go swimming after class.

对话2 Dialogue 2

（天气 太 热，文丽 和 林达 打算 叫 外卖。）
(Tiānqì tài rè, Wénlì hé Líndá dǎsuàn jiào wàimài.)

文丽：天气 这么 热，叫 外卖 吧。
Wénlì: Tiānqì zhème rè, jiào wàimài ba.

林达：行 啊。中餐 还是 西餐？
Líndá: Xíng a. Zhōngcān háishì xīcān?

文丽：叫 中餐 吧，比 西餐 实惠 些。
Wénlì: Jiào zhōngcān ba, bǐ xīcān shíhuì xiē.

林达：可是 我 觉得 中餐 没有 西餐 好吃，而且 西餐 也 没 中餐 那么 油。
Líndá: Kěshì wǒ jiàode zhōngcān méiyǒu xīcān hǎochī, érqiě xīcān yě méi zhōngcān nàme yóu.

文丽：中餐 种类 可 丰富 了，我们 也 可以 叫 些 口味 清淡 的 菜 啊。
Wénlì: Zhōngcān zhǒnglèi kě fēngfù le, wǒmen yě kěyǐ jiào xiē kǒuwèi qīngdàn de cài ya.

林达：你 看 这 两 家 外卖 怎么 样？
Líndá: Nǐ kàn zhè liǎng jiā wàimài zěnme yàng?

文丽：叫 这 家 吧，那 家 的 贵 了 点儿。
Wénlì: Jiào zhè jiā ba, nà jiā de guì le diǎnr.

林达：可是这家没有那家送得快，那家20分钟就到了。
Líndá: Kěshì zhè jiā méiyǒu nà jiā sòng de kuài, nà jiā èrshí fēnzhōng jiù dào le.

文丽：好吧。
Wénlì: Hǎo ba.

11.	外卖	wàimài	名 (n.)	takeout
12.	实惠	shíhuì	形 (adj.)	cheap and of acceptable quality
13.	油	yóu	形 (adj.)	greasy
14.	种类	zhǒnglèi	名 (n.)	type
15.	丰富	fēngfù	形 (adj.)	rich, abundant
16.	清淡	qīngdàn	形 (adj.)	light in flavor

(The weather is too hot, and Wenli and Linda plan to order some takeout food.)

Wenli: The weather is so hot. Let's order some takeout food.

Linda: OK, Chinese food or western food?

Wenli: Chinese food, it's cheaper than western food.

Linda: But I think western food tastes better than Chinese food. Besides, western food has less oil than Chinese food.

Wenli: There are many kinds of Chinese food. We can order those with less oil.

Linda: What do you think of these two restaurants?

Wenli: Let's pick this one, for the other one is too expensive.

Linda: But this one takes longer to deliver the food, while that one only takes 20 minutes.

Wenli: Alright.

语法讲练 Grammar

一、比较句(2)　Comparison sentence (2)

在用"比"表示比较的形容词谓语中,如果要表示两个事物的具体差别,就在谓语后边加上数量词作补语。

In case a specific difference between two things is to be shown in a "比-sentence" with an adjective as the predicate, the amount of the difference can be put after the predicate.

例: 1. 明天的最高气温比今天高两度呢。

　　2. 我比弟弟大三岁。

用"比"改写句子。Change the sentences below into "比-Sentences".

1. 这件衣服100块,那件80块。
_____

2. 我们班有20个学生,他们班有18个学生。
_____

二、比较句(3)　Comparison sentence (3)

动词"有"或"没有"可用于比较,表示达到或未达到某种程度,这种比较常用于疑问句和否定式。

"有" or "没有" can be used in a comparison to show the level attained or not yet attained. This kind of comparison is often used in a question and in the negative form.

例: 1. 我们那儿没有上海这么热。

　　2. 我觉得中餐没有西餐好吃。

　　3. 你们那儿有上海这么热吗?

把"比"字句改成"没有"的否定句。Change "比-Sentences" into negative form.

1. 今天比昨天热。_____

2. 饭馆里的菜比食堂里的菜好吃。_____

3. 今天的语法比昨天的难。_____

三、"虽然……但是……" Although...

"虽然……但是……"连接表示让步关系的复句。"虽然"引出的分句表示承认某事实的存在。"但是"表示转折。

"虽然…但是…" is used to link a concessional compound sentence. The clause led by "虽然" indicates the acknowledgement of the existing fact, and "但是" expresses the concession.

例：1. 我们那儿虽然在热带，但是也没有上海这么热。

2. 汉字虽然很难，可是很有意思。

3. 他虽然已经七八十岁了，可是身体很健康。

完成句子。Complete the sentences below.

1. 虽然他学汉语的时间不长，_____。

2. 虽然天气很热，_____。

3. 他虽然没来过中国，_____。

 会话实践 Dialogue practices

一、回答问题。Read the dialogues again and answer the questions below.

对话1

1. 上海的夏天热不热？
2. 保罗现在怎么样？
3. 明天天气怎么样？
4. 文丽觉得自己的家乡热还是上海热？
5. 马丁下课后去哪里？

对话2

1. 文丽跟林达今天为什么叫外卖？
2. 文丽为什么叫中餐？
3. 林达为什么喜欢西餐？
4. 最后他们打算叫中餐还是西餐？为什么？

二、角色扮演。
Repeat the dialogues and make a role play with your partner.

三、活学活用。
Study and use.

1. 你们那儿的夏天热不热？有上海这么热吗？
2. 天热的时候，人们怎么避暑？
3. 想一想，然后跟你的同学说一说。

练习 Exercises

一、连字组词。Match the characters into words based on the pinyin given.

| chū hàn | kōngtiáo | yùbào | qìwēn | suīrán |
| wàimài | shíhuì | zhǒnglèi | fēngfù | qīngdàn |

虽　空　外　清　出　丰　种　预　实　气

调　淡　然　富　报　卖　温　汗　类　惠

二、听句子，并填空。 Listen and fill in the blanks.

1. 上海的天气又_____又_____。

2. 天气_____说，明天比今天还热呢。

3. 我们那儿_____在热带，_____也没有上海这么热。

4. 我真_____，下了课咱们去_____吧。

5. 叫中餐吧，比西餐_____些。

6. 中餐_____可_____了，我们也可以叫些口味_____的菜。

三、用所给词完成句子。Complete the sentences with the words given.

1. 今天天气很热，明天_____。（比）

2. 北京很大，上海_____。（没有）

3. 虽然天气很热，_____。（但是）

4. 天气热，我想_____。（清淡）

5. 西餐太贵了，中餐_____。（实惠）

四、听后复述。Listen and retell.

　　上海的夏天可真热，一大早保罗就出了一身汗。天气预报说，明天比今天还热呢，明天的气温比今天高两度。文丽也觉得热，她家虽然在热带，但是也没有上海这么热。马丁热得受不了，他想下了课去游泳。

　　天气这么热，文丽和林达打算叫外卖。林达想叫西餐，她觉得西餐比中餐好吃，也没有中餐那么油。文丽想叫中餐，因为中餐比西餐实惠，而且种类丰富。最后，他们叫了一些口味清淡的菜，半个小时就能送到。

五、活动。Activity.

　　这是上海最高的三座大楼，请你标出它们的中文名字和高度。用"A比B高多少米"写两个句子。

　　The picture shows the three highest buildings in Shanghai. Please check and mark their Chinese names and height, and then make two sentences with the structure "A比B高多少米".

拓展 Advanced practices

一、练练嘴皮子。Oral exercise.

扁担长，板凳宽，
Biǎndàn cháng, bǎndèng kuān,

扁担没有板凳宽，
biǎndàn méiyǒu bǎndèng kuān,

板凳没有扁担长。
bǎndèng méiyǒu biǎndan cháng.

扁担要绑在板凳上，
Biǎndàn yào bǎng zài bǎndèng shàng,

板凳偏不让扁担绑在板凳上。
bǎndèng piān bú ràng biǎndàn bǎng zài bǎndèng shàng.

二、口语惯用语。Colloquial terms.

好家伙 Good gracious

"好家伙"是一个叹词，表达惊讶或赞叹。

比如：A：今天怎么这么热，明天多少度？会不会降温？
　　　B：我看看天气预报……好家伙，明天比今天还热呢。

再比如：A：来中国以后，我花了快八千块钱了。
　　　　B：我算算我花了多少……好家伙！一万二了。

请用"好家伙"做一个对话。

三、朗读。Read aloud.

上海
Shànghǎi

中国，一个拥有5 000年历史的文明古国，在过去的30年，它的现代化
Zhōngguó, yī ge yōngyǒu wǔqiān nián lìshǐ de wénmíng gǔ guó, zài guòqù de sānshí nián, tā de xiàndàihuà
进程比其他任何一个国家都要快，这种转变在一个城市体现得淋漓尽致，
jìnchéng bǐ qítā rènhé yí ge guójiā dōu yào kuài, zhè zhǒng zhuǎnbiàn zài yí ge chéngshì tǐxiàn de línlíjìnzhì,
它就是上海。它是中国人口最密集的城市之一，是中国的金融中心，
tā jiù shì Shànghǎi. Tā shì zhōngguó rénkǒu zuì mìjí de chéngshì zhī yī, shì zhōngguó de jīnróng zhōngxīn,
也是世界上最繁忙的港口之一，2 400多万上海居民拥有自己的
yě shì shìjiè shàng zuì fánmáng de gǎngkǒu zhī yī, liǎngqiānsìbǎi duō wàn Shànghǎi jūmín yōngyǒu zìjǐ de
方言。这里还有世界上规模最大的交通系统之一。
fāngyán. Zhèlǐ hái yǒu shìjiè shàng guīmó zuì dà de jiāotōng xìtǒng zhī yī.

——选自纪录片《鸟瞰中国（2）：继往开来》（时段00:01:20-00:02:20）

Shànghǎi

China, a five-thousand-year-old civilization, in a hurry over the last three decades, it has modernized faster than any other country. At the heart of this transformation is one city, Shanghai. It's now China's most populous city. It's the Chinese financial hub and the world's busiest port. The 24 million Shanghai residents have their own dialect and travel around on one of biggest transportation systems in the world.

四、收集有用的句子。
Collect some useful sentences and share them with your classmates.

1.
2.
3.
4.
5.
6.
7.
8.
9.
10.

11 我没有您写得好
Wǒ méiyǒu nín xiě de hǎo

称赞、比较
Making Compliments and Making comparisons

Lesson 11　Wǒ méiyǒu nín xiě de hǎo

热身准备 Warming-up

1. 这个公园你去过吗?
   Have you ever been to this park?
2. 它叫什么名字?
   What is the name of this park?

3. 这是什么运动?
   What is this sport?
4. 你会不会?
   Can you do this sport?
5. 什么人喜欢这种运动?
   Why do people like this sport?
6. 这种运动有什么好处?
   What's the advantage of this sport?

7. 这个人在做什么?
   What is this man doing?
8. 你见过吗?
   Have you ever seen this before?

会话 Dialogues

读对话，把自己不明白的地方标出来。 Read and mark.

对话1 Dialogue 1

（一大早，马丁 和 保罗 在鲁迅 公园， 马丁 打起了太极拳。）
（Yí dà zǎo, Mǎdīng hé Bǎoluó zài Lǔ Xùn gōngyuán, Mǎdīng dǎ qǐ le tàijíquán.）

马丁：大爷，您 太极拳 打得 真 不错!
Mǎdīng: Dàye, nín tàijíquán dǎ de zhēn búcuò!

116

大爷：哪里 哪里。你 打 得 也 不错。
Dàye: Nǎli nǎli. Nǐ dǎ de yě búcuò.

马丁：没有 您 打 得 好，我 的 动作 没有 您 的 那么 熟练，也 没有 您 的 那么 优
Mǎdīng: Méiyǒu nín dǎ de hǎo, wǒ de dòngzuò méiyǒu nín de nàme shúliàn, yě méiyǒu nín de nàme yōu
美。每 天 都 来 这里 练习 吗？
měi. Měi tiān dōu lái zhèlǐ liànxí ma?

大爷：只要 不 下雨，我 就 来 练练。
Dàye: Zhǐyào bú xià yǔ, wǒ jiù lái liànlian.

马丁：您 练 了 多 久 了？
Mǎdīng: Nín liàn le duō jiǔ le?

大爷：退休 以后 开始 练 的，练 了 八 年 了。
Dàye: Tuìxiū yǐhòu kāishǐ liàn de, liàn le bā nián le.

马丁：练 太极 对 身体 有 什么 好处？
Mǎdīng: Liàn tàijí duì shēntǐ yǒu shénme hǎochù?

大爷：可以 预防 疾病，增强 体质。
Dàye: Kěyǐ yùfáng jíbìng, zēngqiáng tǐzhì.

1.	太极拳	tàijíquán	名 (n.)	t'ai chi ch'uan, Chinese shadow boxing
2.	动作	dòngzuò	名 (n.)	movement; motion
3.	熟练	shúliàn	形 (adj.)	proficient
4.	优美	yōuměi	形 (adj.)	graceful
5.	只要	zhǐyào	连 (conj.)	as long as
6.	坚持	jiānchí	动 (v.)	to stick to

7. 退休	tuìxiū	动 (v.)	to retire
8. 好处	hǎochù	名 (n.)	benefit
9. 预防	yùfáng	动 (v.)	to prevent
10. 疾病	jíbìng	名 (n.)	illness
11. 增强	zēngqiáng	动 (v.)	to enhance
12. 体质	tǐzhì	名 (n.)	physical condition

(In the morning, Martin and Paul are in Luxun Park. Martin begins to play T'ai chi.)

Martin: Uncle, you play T'ai chi so well!

Uncle: Just so-so. You also play it very well.

Martin: Not as well as you do. My movements are neither proficient nor graceful as yours. Do you practice everyday here?

Uncle: I come here to practice if it doesn't rain.

Martin: How long have you been practicing?

Uncle: I started to play it since I retired, and I've been practicing for 8 years.

Martin: What are the advantages of T'ai chi?

Uncle: It helps to prevent diseases and strengthen your body.

对话2 Dialogue 2

（保罗 和 公园 里 的 一位 大叔 聊天。）
（Bǎoluó hé gōngyuán lǐ de yí wèi dàshū liáotiān.）

保罗：大叔，您写的是"福"字吗?
Bǎoluó: Dàshū, nín xiě de shì "fú" zì ma?

大叔：对啊，小伙子。
Dàshū: Duì ya, xiǎohuǒzi.

保罗：您毛笔字写得真不错!
Bǎoluó: Nín máobǐ zì xiě de zhēn búcuò!

大叔：你过奖了。你也来写一个。
Dàshū: Nǐ guòjiǎng le. Nǐ yě lái xiě yí ge.

保罗：我 没有 您 写得 好。
Bǎoluó: Wǒ méiyǒu nín xiě de hǎo.

大叔：也不错啊。只要你坚持 练习， 就一定 能 写 好。
Dàshū: Yě búcuò a. Zhǐyào nǐ jiānchí liànxí, jiù yídìng néng xiě hǎo.

保罗：您 练了几年了？
Bǎoluó: Nín liàn le jǐ nián le?

大叔：我 从 小 就练习， 练了几十年了。书法 就是 我 最 大的爱好。
Dàshū: Wǒ cóng xiǎo jiù liànxí, liàn le jǐ shí nián le. Shūfǎ jiù shì wǒ zuì dà de àihào.

保罗：除了书法以外， 您 还有 什么 爱好？
Bǎoluó: Chú le shūfǎ yǐwài, nín hái yǒu shénme àihào?

大叔：我 的爱好可就多了，书法、画画儿、摄影、 旅行，我 都 喜欢。小伙子，你有
Dàshū: Wǒ de àihào kě jiù duō le, shūfǎ、 huà huàr、 shèyǐng、 lǚxíng, wǒ dōu xǐhuān. Xiǎohuǒzi, nǐ yǒu
　　　　什么 爱好？
　　　　shénme àihào?

保罗：我 学习 比较 忙，课余 时间 喜欢 游泳、 健身。
Bǎoluó: Wǒ xuéxí bǐjiào máng, kèyú shíjiān xǐhuān yóuyǒng、 jiànshēn.

13.	毛笔	máobǐ	名 (n.)	writing brush
14.	过奖	guòjiǎng	动 (v.)	to overpraise
15.	书法	shūfǎ	名 (n.)	Chinese calligraphy
16.	除了…以外	chú le…yǐwài		except
17.	摄影	shèyǐng	动 (v.) / 名 (n.)	(to do) photography
18.	课余	kèyú		after class
19.	健身	jiànshēn	动 (v.)	to go to the gym

(Paul is chatting with an old man in the park.)

Paul: Uncle, are you writing a "Fu"?

Uncle: Yes, young man.

Paul: Your calligraphy is so good!

Uncle: Your are flattering me. Come on, write one.

Paul: My calligraphy is not as good as yours.

Uncle: Not bad, you can write better if you keep on practicing.

Paul: How many years have you practiced?

Uncle: I started practicing calligraphy from an early age and it has been several decades now. Calligraphy is my biggest hobby.

Paul: Do you have any other hobbies?

Uncle: Well, a lot. I also like drawing, photographing and traveling besides calligraphy. Young man, what are your hobbies?

Paul: Well, my study is very heavy and I like swimming and going to gym in my spare time.

语法讲练 Grammar

一、比较句（4） Comparison sentence (4)

"得"的后面加副词，用来修饰前面的动词，将A和B所做的这个动作来做比较。

An adverb is put after "得" to modify the verb before it. This comparison is used to compare an action that A and B both do.

结构：A + 没有 + B + 动词 + 得 + 副词

A + 没有 + B + V. + 得 + adv.

例：1. 我没有您打得好。

2. 我没有您写得好。

把"比字句"改成否定句。Change the "比-sentences" into negative form.

1. 你游得比我好。
   _____

2. 美真比安娜跑得快。
   _____

二、"只要……就……" As long as...

"只要……就……"连接一个条件复句。"只要"引出一个必要的条件；"就"后边是这个条件所产生的结果。

"只要…就…" links a conditional complex sentence. "只要" introduces the condition; what follows "就" is the result this condition bring about.

例：1. 只要不下雨，我就来练练。
　　2. 只要你坚持练习，就一定能写好。

> 完成句子。Complete sentences below.

1. 只要你努力学习，_____。
2. 只要明天天气好，_____。

三、"除了……以外" Beside, except

"除了……以外，……还……"

is an inclusive pattern.

例：1. 除了中文以外，我还学过法语。
　　2. 除了书法以外，您还有什么爱好？

"除了……以外，……都……"

is an exclusive pattern.

例：1. 除了小张以外，大家都来了。
　　2. 除了看书以外，什么事我都愿意做。

> 用"除了……以外"改写句子。Make sentences with "除了……以外".

1. 我去过上海、北京，也去过广州、成都。_____
2. 小王会说英语，也会说法语。_____
3. 我们班只有马丁没去过北京。_____
4. 我只想喝水，不想喝别的。_____

会话实践 Dialogue practices

一、回答问题。Read the dialogues again and answer the questions below.

对话1
1. 马丁在公园里做什么呢?
2. 大爷的太极拳打得怎么样?
3. 大爷每天都来公园练太极吗?
4. 大爷练了多久了?
5. 练太极对身体有什么好处?

对话2
1. 大叔在写什么字?
2. 保罗觉得大叔写得怎么样?
3. 大叔觉得保罗写的字怎么样?
4. 大叔有哪些爱好?他最大的爱好是什么?
5. 保罗有什么爱好?

二、角色扮演。

Repeat the dialogues and make a role play with your partner.

三、活学活用。

Study and use.

1. 读一读这两个句子:
   大爷,您太极拳打得真不错!
   大叔,您毛笔字写得真不错!
2. 在鲁迅公园,马丁和保罗是怎么跟大爷大叔开始交谈的?
3. 一位阿姨正在跳舞,她跳得非常好。你怎么称赞她?
4. 你在公园看到一位阿姨正在跳舞,你跟她聊聊天,由此设计一个对话。

练习 Exercises

一、连字组词。Match the characters into words based on the pinyin given.

dòngzuò　　shúliàn　　yōuměi　　jiānchí　　tuìxiū
hǎochù　　　jíbìng　　　guòjiǎng　shèyǐng　　jiànshēn

坚　熟　退　疾　优　摄　好　动　健　过

休　美　影　练　持　作　奖　病　身　处

二、听句子，并填空。 🎧 Listen and fill in the blanks.

1. 您_____打得真不错。

2. 我的动作没有您的那么_____，也没有您的那么_____。

3. 练太极对身体有什么_____？可以_____，_____。

4. 您_____写得真不错！

5. 只要你_____练习，就一定能写好。

6. 我学习比较忙，_____时间喜欢游泳、_____。

三、用所给词回答问题。Answer questions with the words given.

1. 马丁的太极拳打得好还是大爷的太极拳打得好？
   _____（没有）

2. 保罗的"福"字写得好还是大叔的"福"字写得好？
   _____（没有）

3. 怎样才能写好书法？
   _____（只要……就……）

4. 除了上海以外，你还去过中国哪些城市？
   _____（除了……以外……）

5. 除了汉语以外，你还学过什么外语？
   _____（除了……以外……）

四、听后复述。 Listen and retell.

一位大爷在公园里打太极拳，他打得真不错。马丁觉得自己的动作没有大爷那么熟练，也没有大爷那么优美。这位大爷退休以后开始练太极，练了八年了。他说。练太极可以预防疾病，增强体质。

一位大叔在公园里写"福"字，保罗觉得大叔写得真不错，自己没有大叔写得好。大叔说，只要坚持练习，就一定能写好。他从小就练习，练了几十年了，书法是他最大的爱好。除了书法以外，他还喜欢画画、摄影、旅行。保罗学习比较忙，课余时间喜欢游泳、健身。

五、请仿照例子写出称赞的话。 Follow the example to write the compliments.

大爷正在打太极拳。	您太极拳打得真不错。
大叔正在写毛笔字。	您毛笔字写得真不错。
公园里几位阿姨正在跳舞。	
阿姨们唱了几首歌。	
一位大叔正在画公园里的景色。	
几位叔叔阿姨正在打羽毛球。	

拓展 Advanced practices

一、练练嘴皮子。 Oral exercise.

悯农
Mǐn nóng

（唐·李绅）
(Táng Lǐ Shēn)

锄禾日当午，汗滴禾下土。
Chú hé rì dāng wǔ, hàn dī hé xià tǔ.

谁知盘中餐，粒粒皆辛苦。
Shuí zhī pán zhōng cān, lì lì jiē xīnkǔ.

二、口语惯用语。Oral Chinese idiom.

形容词 + 了去了
very + adj.

"形容词+了去了"表示程度高,用单音节形容词"多、贵、大、高……"。

比如:A:除了书法以外,您还有什么爱好?
　　　B:我的爱好可多了去了,书法、画画、摄影、旅行……

再比如:A:以前污染少,环境特别好。
　　　　B:可不是嘛,晚上天上的星星多了去了,漂亮极了。

请用"形容词+了去了"做一个对话。

三、朗读。Read aloud.

上海的摩天大楼
Shànghǎi de mótiān dàlóu

　　上海 的 摩天大楼 迅速崛起,吸引了 全世界 的 目光。有一个人, 他用 毕生 的
　　Shànghǎi de mótiān dàlóu xùnsù juéqǐ, xīyǐn le quán shìjiè de mùguāng. Yǒu yí ge rén, tā yòng bìshēng de
精力,记录了这座 城市 的 转变。在过去 20 年 的 时间里,郑 宪章 用 照片
jīnglì, jìlù le zhè zuò chéngshì de zhuǎnbiàn. Zài guòqù èrshí nián de shíjiān lǐ, Zhèng Xiànzhāng yòng zhàopiàn
记录着 上海 不断 变化 的 天际线。在 1993 年 拍摄的 这 张 照片 上, 上海
jìlù zhe Shànghǎi búduàn biànhuà de tiānjìxiàn. Zài yī jiǔ jiǔ sān nián pāishè de zhè zhāng zhàopiàn shàng, Shànghǎi

几乎 没有 摩天 大楼。然而 到 了 2014 年，这里 摩天 大楼 的 数量 已经 与 东京 相当。
jīhū méiyǒu mótiān dàlóu. Rán'ér dào le èr líng yī sì nián, zhèlǐ mótiān dàlóu de shùliàng yǐjīng yǔ dōngjīng xiāngdāng.

——选自纪录片《鸟瞰中国（2）》（时段00:02:25-00:03:23）

Shanghai's Skyscrapers

It's the rapid rise of Shanghai's skyscrapers that really caught the world's imagination, including one man whose life's work has been to recall this transformation. Zheng Xianzhang has spent 20 years photographing the rapidly evolving skyline of Shanghai. In 1993, his photo captured Shanghai with almost no skyscrapers, but by 2014 Shanghai had as many skyscrapers as Tokyo.

12 您过奖了
Nín guòjiǎng le

表示谦虚
Expressing modesty

Lesson 12　Nín guòjiǎng le

热身准备 Warming-up

1. 你能看懂这个广告的意思吗?
   Can you understand this advertisement?
2. 普通话和汉语一样不一样?
   What's the difference between Mandarin and Chinese language?
3. 中国人为什么要说普通话?
   Why do Chinese people have to say Mandarin?

4. 你听过上海话吗?
   Have you ever heard Shanghai dialect?
5. 上海话、东北话、广东话跟普通话一样吗?
   Are Shanghai dialect, Dongbei dialect and Cantonese the same?

会话 Dialogues

 读对话，把自己不明白的地方标出来。Read and mark.

对话1 Dialogue 1

（马丁 在 鲁迅 公园 跟 大爷 聊天。）
（Mǎdīng zài Lǔ Xùn gōngyuán gēn dàye liáotiān.）

大爷：你 汉语 说 得 挺 流利，发音 挺 标准 啊。
Dàye: Nǐ Hànyǔ shuō de tǐng liúlì, fāyīn tǐng biāozhǔn a.

马丁：您 过奖 了，还 差 得 远 呢。
Mǎdīng: Nín guòjiǎng le, hái chà de yuǎn ne.

大爷：学 了 多 长 时间 了?
Dàye: Xué le duō cháng shíjiān le?

马丁：学了半年了。
Mǎdīng: Xué le bàn nián le.

大爷：很难学吧？
Dàye: Hěn nán xué ba?

马丁：可不是嘛，发音就够难的了，汉字更难。
Mǎdīng: Kě bú shì ma, fāyīn jiù gòu nán de le, Hànzì gèng nán.

大爷：中国人说话，都听得懂吗？
Dàye: Zhōngguó rén shuōhuà, dōu tīng de dǒng ma?

马丁：慢点儿说，我听得懂。
Mǎdīng: Màn diǎnr shuō, wǒ tīng de dǒng.

大爷：只要你多跟中国人交流，就会越说越流利。汉字嘛，多写写。你看那边那个外国小伙子，写得多认真啊！
Dàye: Zhǐyào nǐ duō gēn Zhōngguó rén jiāoliú, jiù huì yuè shuō yuè liúlì. Hànzì ma, duō xiěxie. Nǐ kàn nà biān nà ge wàiguó xiǎohuǒzi, xiě de duō rènzhēn a!

马丁：谢谢您，我一定努力。对了，我能跟您合个影吗？
Mǎdīng: Xièxie nín, wǒ yídìng nǔlì. Duì le, wǒ néng gēn nín hé ge yǐng ma?

大爷：可以可以。
Dàye: Kěyǐ kěyǐ.

马丁：保罗！保罗！帮我拍张照片！
Mǎdīng: Bǎoluó! Bǎoluó! Bāng wǒ pāi zhāng zhàopiàn!

1. 挺	tǐng	副 (adv.)	very/pretty
2. 发音	fāyīn	名 (n.)	pronunciation
3. 过奖	guòjiǎng	动 (v.)	to overpraise
4. 差得远	chà de yuǎn		to be far from...
5. 够	gòu	副 (adv.)	enough
6. 交流	jiāoliú	动 (v.)	to communicate
7. 多	duō	副 (adv.)	more
8. 认真	rènzhēn	形 (adj.)	serious
9. 合影	héyǐng	动 (v.) / 名 (n.)	to take a group photo/ group photo

(Martin is talking with an old man in Lu Xun Park.)

Uncle: You speak Mandarin very well, and your pronunciation is very standard.

Martin: You are flattering me. I still need to practice more.

Uncle: How long have you learned Mandarin?

Martin: About half a year.

Uncle: Is it hard to learn?

Martin: Sure it is. I think the pronunciation is already hard to learn, but the Chinese characters are even harder.

Uncle: Can you understand when speaking to a Chinese?

Martin: I can understand if he speaks slowly.

Uncle: As long as you communicate often with Chinese people, you will speak much better. As for Chinese characters, you really need to write as many as you can. Look at that foreign young man over there, how focused he is!

Martin: Thank you. I will try my best. By the way, can I take a photo with you?

Uncle: OK. OK.

Martin: Paul! Paul! Help me take a picture!

对话 2 Dialogue 2

（保罗 在鲁迅 公园 跟大叔 聊天。）
（Bǎoluó zài Lù Xùn gōngyuán gēn dà shū liáotiān.）

大叔：你是 留学生 吧？
Dàshū: Nǐ shì liúxuéshēng ba?

保罗：对。我是 上外 的。
Bǎoluó: Duì. Wǒ shì Shàngwài de.

大叔：汉语 学 多久 了？
Dàshū: Hànyǔ xué duō jiǔ le?

保罗：一年 了。以前 是在 国内 学的，所以 发音不是很 标准。
Bǎoluó: Yì nián le. Yǐqián shì zài guónèi xué de, suǒyǐ fāyīn bú shì hěn biāozhǔn.

大叔：没 关系，我 普通话 发音也不 标准。
Dàshū: Méi guānxì, wǒ pǔtōnghuà fāyīn yě bù biāozhǔn.

保罗：您会 说 上海 话 吗？
Bǎoluó: Nín huì shuō Shànghǎi huà ma?

大叔：我 母亲是 上海 人，父亲是 广东 人，所以我既会说 上海 话，也会
Dàshū: Wǒ mǔqīn shì Shànghǎi rén, fùqīn shì Guǎngdōng rén, suǒyǐ wǒ jì huì shuō Shànghǎi huà, yě huì
　　　说 广东 话。
　　　shuō Guǎngdōng huà.

保罗：您太厉害了。
Bǎoluó: Nín tài lìhài le.

大叔：我 教 你一句 上海 话 吧。
Dàshū: Wǒ jiāo nǐ yí jù Shànghǎi huà ba.

保罗：好啊，好啊。
Bǎoluó: Hǎo a, hǎo a.

大叔：侬好！你猜猜 什么 意思。
Dàshū: Nónghǎo! Nǐ cāicai shénme yìsi.

保罗：你好？
Bǎoluó: Nǐhǎo?

大叔：对了，你很 聪明 嘛。
Dàshū: Duì le, nǐ hěn cōngming ma.

保罗：哪里 哪里。
Bǎoluó: Nǎlǐ nǎlǐ.

10.	国内	guónèi	名 (n.)	domestic
11.	厉害	lìhài	形 (adj.)	excellent
12.	标准	biāozhǔn	形 (adj.)	standard
13.	普通话	pǔtōnghuà	名 (n.)	mandarin
14.	母亲	mǔqīn	名 (n.)	mother
15.	父亲	fùqīn	名 (n.)	father
16.	句	jù	名 (n.)	sentence
17.	猜	cāi	动 (v.)	to guess
18.	聪明	cōngmíng	形 (adj.)	smart

(Paul is chatting with an old man in Lu Xun Park.)

The old man: You're a foreign student, right?

Paul: Yes, I am, and I'm a student of Shanghai International Studies University.

The old man: How long have you learned Chinese?

Paul: I have learned Chinese for one year. I used to learn Chinese in my country so my pronunciation is not very standard.

The old man: No problem, mine is also not standard.

Paul: Can you speak Shanghai dialect?

The old man: My mother is Shanghainese, and my father is Cantonese, so I can speak both.

Paul: Bravo!

The old man: Let me teach you a Shanghai dialect sentence.

Paul: That's great!

The old man: Nóng hǎo! Can you guess what does it mean?

Paul: Means hello?

The old man: Correct, you're so smart.

Paul: Thank you.

语法讲练 Grammar

一、"够……的" Rather

"够……的"表示达到一种很高的程度。

"够…的" indicate that a rather high degree has been reached.

例：1. 汉语的发音够难的。

2. 今天够热的。

3. 你穿的真够多的。

改写句子。Rewrite the sentences below.

1. 昨天忙了一天，非常累。_____

2. 你的箱子很重。_____

二、"越……越……" The more... the more...

"越……越……"表示在程度上后者随前者的加深而加深。例如：

The structure "越…越…" indicates that the latter situation is getting more intense with the increasing level of the former.

例：1. 只要你多跟中国人交流，就会越说越流利。

2. 雨越下越大了。

3. 他就喜欢吃辣，越辣越喜欢。

完成句子。Complete the sentences below.

1. 他的汉语越_____越_____。

2. 风越_____越_____。

3. 这本书很有意思，我越_____越_____。

三、"既……也……" Not only... but also...

汉语里用"既……也……"来连接并列的动词或动词短语，强调两种情况同时存在，并且后一部分表示进一步补充说明。

In Chinese, "既… 也…" is used to link coordinate verbs or verbal phrases. This pattern underlines the fact that two situations exist at the same time, and the part after "也" gives further explanation.

例：1. 我既会说上海话，也会说广东话。

2. 学习外语，既要练习听、说，也要练习读、写。

3. 我的同屋既不会汉语，也不会英语。

> 改写句子。Rewrite the sentences below.

1. 我喜欢吃中国菜。我喜欢吃日本菜。_____

2. 我要做饭。我要洗衣服。_____

3. 他会唱歌。他会跳舞。_____

 会话实践 Dialogue practices

一、回答问题。Read the dialogues again and answer the questions below.

对话1

1. 大爷觉得马丁的汉语怎么样？
2. 马丁学了多久了？
3. 他觉得汉字难不难？
4. 大爷觉得怎么才能越说越流利？
5. 大爷觉得怎么才能学好汉字？

对话2

1. 保罗汉语学多久了？
2. 保罗的发音标准不标准？
3. 大叔觉得他自己的普通话怎么样？
4. 除了普通话以外，大叔还会说什么话？为什么？

二、角色扮演。
Repeat the dialogues and make a role play with your partner.

三、活学活用。
Study and use.

1. 我们什么时候用这两个句子：您过奖了，还差得远呢。/ 哪里哪里。
2. 你的中国朋友在学英语，你觉得他说得不错。他特别想提高英语口语水平，你给他提一些建议。由此设计一个对话。

练习 Exercises

一、连字组词。Match the characters into words based on the pinyin given.

| dìdao | guòjiǎng | yīnggāi | rènzhēn | héyǐng |
| guónèi | lìhai | biāozhǔn | mǔqīn | cōngming |

地　国　应　厉　合　聪　认　母　标　过

影　该　明　道　真　内　害　奖　亲　准

二、听句子，并填空。 🎧 Listen and fill in the blanks.

1. 你汉语说得挺_____，发音挺_____啊。

2. 您_____了，还差得远呢。

3. 只要你多跟中国人_____，就会_____。

4. 你看那个外国_____，写得多_____啊！

5. 以前是在_____学的，所以发音不是很标准。

6. 我_____是上海人，_____是广东人。

三、根据实际情况回答问题。Answer questions based on your own situation.

1. 你汉语学了多长时间了?
   _____

2. 你觉得汉语难学吗?什么最难学?
   _____

3. 现在中国人说话,你听得懂吗?
   _____

4. 你觉得怎么做才能越说越流利?
   _____

5. 你想跟别人合个影,怎么说?
   _____

四、听后复述。Listen and retell.

公园里的大爷觉得马丁的汉语说得挺流利,发音挺标准。马丁说大爷过奖了,还差得远呢。马丁学了半年汉语了,他觉得汉语很难学,发音就够难的了,汉字更难。大爷说只要他多跟中国人多交流,就会越说越流利。汉字要多写写。最后,马丁让保罗给他和大爷拍了一张合影。

保罗学了一年汉语了。他以前是在他的国家学的,所以发音不是很标准。大叔说他的普通话发音也不标准。大叔的母亲是上海人,父亲是广东人,所以他既会说上海话,也会说广东话。大叔还教了保罗一句上海话,"侬好",就是普通话的"你好"。

五、活动。Activity.

找一个会说本地方言的中国人,问一问:这些话用本地方言怎么说?
Ask a Chinese person how to say the following sentences in the local dialect.

普通话句子	本地方言发音
1. 你好!	
2. 你会说上海话吗?	

3. 你很聪明。	
4. 我不是上海人。	
5. 我们出去玩玩吧。	

拓展 Advanced practices

一、练练嘴皮子。Oral exercises.

吃葡萄吐葡萄皮儿，
Chī pútao tǔ pútao pír,

不吃葡萄不吐葡萄皮儿。
bù chī pútao bù tǔ pútao pír.

吃葡萄不吐葡萄皮儿，
Chī pútao bú tǔ pútao pír,

不吃葡萄倒吐葡萄皮儿。
bù chī pútao dào tǔ pútao pír.

二、口语惯用语。Colloquial terms.

拍马屁 To flatter

"拍马屁"的意思是奉承、讨好有势力或者有实力的人。

比如：A：您太厉害了！
     B：哪里哪里，别拍我的马屁了，我的水平一般，哈哈。

再比如：A：我最不喜欢拍领导马屁的人了。
       B：你也去拍拍，可能很快就能升职了。

请用"拍马屁"写一个对话。

三、朗读。 Read aloud.

清明节
Qīngmíng jié

在这些繁忙的城市，传统与现代时时发生碰撞，而古老的传统
Zài zhè xiē fánmáng de chéngshì, chuántǒng yǔ xiàndài shí shí fāshēng pèngzhuàng, ér gǔlǎo de chuántǒng
将一直延续下去。李先生一家，和其他300万上海人一样，去祭奠逝去的亲人。
jiāng yìzhí yánxù xiàqù. Lǐ xiānsheng yì jiā, hé qítā sānbǎi wàn Shànghǎi rén yíyàng, qù jìdiàn shìqù de qīnrén.
在中国，这被称为扫墓。过去在乡村小镇，出门为已故亲人扫墓是很
Zài Zhōngguó, zhè bèi chēng wéi sǎomù. Guòqù zài xiāngcūn xiǎozhèn, chū mén wèi yǐ gù qīnrén sǎomù shì hěn
方便的。现在，几百万人都集中在这一天出城，造成主干道交通的拥堵
fāngbiàn de. Xiànzài, jǐ bǎi wàn rén dōu jízhōng zài zhè yì tiān chū chéng, zàochéng zhǔgàndào jiāotōng de yōngdǔ
和混乱。从字面上讲，扫墓有清扫和修缮墓碑的含义，也表达了对已故
hé hùnluàn. Cóng zìmiàn shàng jiǎng, sǎomù yǒu qīngsǎo hé xiūshàn mùbēi de hányì, yě biǎodá le duì yǐ gù
亲人的缅怀。
qīnrén de miǎnhuái.

——选自纪录片《鸟瞰中国（2）》（时段00:05:05-00:07:07）

Qingming Festival

Here the modern and the ancient often collide in these chaotic cities. Ancient Chinese traditions are hard to shake off. The Lee family is joining in more than three million people in Shanghai on a pilgrimage to pay respects to their dead relatives. It's called tomb sweeping. Travelling to their relatives' graves was once an easy task in rural towns and villages, but now millions of people have to exit their cities along congested trunk routes causing chaos. Tomb sweeping literally involves cleaning and restoring family grave stones, and paying spiritual respect to their deceased elders.

13. 钱包被小偷偷走了
Qiánbāo bèi xiǎotōu tōu zǒu le

失物找寻
Looking for the lost things

热身准备 Warming-up

1. 你常常坐出租车吗?
   Do you often take taxis?
2. 有没有在出租车上丢过东西?
   Have you ever lost something on a taxi?
3. 如果你把东西忘在出租车上了,有没有办法找回来?
   If you lose something on a taxi, can you get it back?

4. 这位先生的钱包怎么了?
   What's wrong with this man's wallet?
5. 你丢过东西吗?
   Have you ever lost anything?

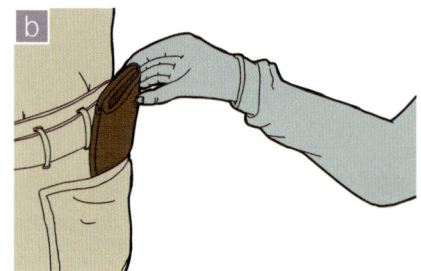

会话 Dialogues

 读对话,把自己不明白的地方标出来。Read and mark.

对话1 Dialogue 1

(马丁 和 保罗 下 了 出租车。)
(Mǎdīng hé Bǎoluó xià le chūzūchē.)

马丁:哎呀,我的钱包 找 不 到 了。
Mǎdīng: Āi ya, wǒ de qiánbāo zhǎo bu dào le.

保罗:你仔细 找找,是不是 放 在 裤子 口袋 里 了?
Bǎoluó: Nǐ zǐxì zhǎozhao, shì bú shì fàng zài kùzi kǒudài lǐ le?

马丁: 没 有。
Mǎdīng: Méiyǒu.

保罗: 难道 被 小偷 偷 走 了?
Bǎoluó: Nándào bèi xiǎotōu tōu zǒu le?

第十三课 钱包被小偷偷走了

马丁：不可能啊，出租车上哪儿有小偷啊？糟糕，会不会落在出租车上了？
Mǎdīng: Bù kěnéng a, chūzūchē shàng nǎr yǒu xiǎotōu a? Zāogāo, huì bú huì là zài chūzūchē shàng le?

保罗：有可能。发票在我这儿，给出租车公司打电话问问吧。
Bǎoluó: Yǒu kěnéng. Fāpiào zài wǒ zhèr, gěi chūzūchē gōngsī dǎ diànhuà wènwen ba.

马丁：好的，我试试。
Mǎdīng: Hǎo de, wǒ shìshi.

1.	钱包	qiánbāo	名 (n.)	wallet
2.	出租车	chūzūchē	名 (n.)	taxi
3.	仔细	zǐxì	形 (adj.)	careful
4.	裤子	kùzi	名 (n.)	pants
5.	口袋	kǒudài	名 (n.)	pocket
6.	小偷	xiǎotōu	名 (n.)	thief
7.	偷	tōu	动 (v.)	to steal
8.	糟糕	zāogāo	形 (adj.)	bad
9.	落	là	动 (v.)	to forget (sth.)
10.	发票	fāpiào	名 (n.)	invoice

(Martin and Paul get off a taxi.)

Martin: Uh... I cannot find my wallet!

Paul: Look carefully, did you put it in your pants pocket?

Martin: It isn't in my pockets.

Paul: Could it be stolen by a thief?

Martin: It's impossible, how can you find a thief on the taxi? It's so bad. Could I have left it on the taxi?

Paul: Maybe. I have the invoice. Let's call the taxi company to check out.

Martin: OK, I'll try.

Dialogue 2

（马丁 给 出租车 公司 打 电话。）
（Mǎdīng gěi chūzūchē gōngsī dǎ diànhuà.）

接线员：你好， 强生 出租车 公司。
Jiēxiànyuán: Nǐ hǎo, Qiángshēng chūzūchē gōngsī.

马丁：您好，我 刚才 乘 你们 公司 的 出租车，钱包 忘 在 车 上 了。
Mǎdīng: Nín hǎo, wǒ gāngcái chéng nǐmen gōngsī de chūzūchē, qiánbāo wàng zài chē shàng le.

接线员：你有 没 有 车号？
Jiēxiànyuán: Nǐ yǒu méi yǒu chēhào?

马丁：有，97068-781111。
Mǎdīng: Yǒu, 97068-781111.

接线员：好 的，您 稍 等， 马上 帮 您 联系 司机。请 您 留 个 联系 电话。
Jiēxiànyuán: Hǎo de, nín shāo děng, mǎshàng bāng nín liánxì sījī. Qǐng nín liú ge liánxì diànhuà.

马丁：18766668888。
Mǎdīng: 18766668888.

接线员：好 的， 先生 怎么 称呼？
Jiēxiànyuán: Hǎo de, xiānsheng zěnme chēnghū?

马丁：我 叫 马丁。
Mǎdīng: Wǒ jiào Mǎdīng.

接线员：您 别 着急，我们 一 有 消息 就 会 马上 通知 您 的。
Jiēxiànyuán: Nín bié zhāojí, wǒmen yì yǒu xiāoxi jiù huì mǎshàng tōngzhī nín de.

马丁：好，谢谢。
Mǎdīng: Hǎo, xièxie.

11.	乘	chéng	动 (v.)	to take (car, taxi, train etc.)
12.	忘	wàng	动 (v.)	to forget
13.	稍等	shāoděng		wait a moment
14.	留	liú	动 (v.)	to leave
15.	称呼	chēnghū	动 (v.)	to call (someone's name)
16.	着急	zhāojí	动 (v.)	to worry
17.	消息	xiāoxi	名 (n.)	news, message
18.	马上	mǎshàng	副 (adv.)	immediately

(Martin calls the taxi company.)

Operator: Hello, this is Qiangsheng taxi company.

Martin: Hello, a moment ago I left my wallet on a taxi of your company.

Operator: Do you have the taxi's number?

Martin: Yeah, it's 97068-781111.

Operator: Please wait a moment. We'll contact the driver immediately. Please leave your phone number.

Martin: Yes, it's 18766668888.

Operator: OK, what's your name please, sir?

Martin: My name is Martin.

Operator: Please don't worry. We'll contact you as soon as we get a message.

Martin: Alright, thanks.

语法讲练 Grammar

一、"被"字句 被-Sentence

被字句是最常见的表达被动意义的句子。一般用"被""叫""让""给"等介词构成介词短语。动作行为发出者可以出现，也可以不出现。动词后一般有补语或其他成分。动词需使用及物动词，主语需是确指或已知的人或事。

A "被-sentence" is most frequently seen when expressing a passive meaning. Prepositions such as "被", "叫", "让", "给", etc. are used to form a preposition-object phrase. The agent of the verb may be explicit or implicit. Often there is a complement or other element after the verb. In a "被-sentence", a transitive verb should be used and the subject should be definite.

例： 1. 我的钱包被小偷偷走了。

2. 他弟弟让那个大男孩打了一下。

3. 我的自行车叫朋友骑走了。

4. 他们忘了带雨伞，结果都给大雨淋湿了。

二、无标记被动句 Passive sentences without "被"

这种被动句没有表示被动意思的字，但仍表示被动意义。

These sentences denote passive voice even though there is no specific word for the passive voice.

例：1. 我的钱包找不到了。

2. 我的钱包忘在车上了。

3. 晚饭做好了，快来吃吧。

4. 今天的电影票卖完了。

> 改写句子。Change the sentences below into passive sentences.

1. 我找不到手机了。_____

2. 我做完作业了。_____

3. 我把书忘在房间里了。_____

三、"一……就……" Once ... immediately ...

在"一 + 情况1，就 + 情况2"里，情况1是条件，情况2是紧接着出现的结果。

In the structure "一 + Situation 1, 就 + Situation 2", Situation 1 is the condition, whereas Situation 2 is what results directly from it.

例：1. 我们一有消息就会马上通知您的。

2. 我一喝冰水就会肚子疼。

3. 天气一热，我就不想吃饭。

有时候，"一……就……"只表示两个动作紧接着发生，情况1并非情况2的条件。

Sometimes "一…就…" indicates one action takes place immediately after another. In that case Situation 1 is not the condition of Situation 2.

例：1. 小王一吃完饭就出去了。

2. 我一到中国就给爸爸妈妈打了一个电话。

> 完成句子。Complete the sentences below.

1. 小张一回家_____。

2. 一下雨_____。

3. 我一喝酒_____。

会话实践 Dialogue practices

一、回答问题。 Read the dialogues again and answer the questions below.

对话1
1. 下车以后马丁的钱包怎么了?
2. 他的钱包是不是放在口袋里了?
3. 是不是被小偷偷走了?
4. 马丁觉得他的钱包在哪儿?
5. 保罗让他做什么?

对话2
1. 马丁给出租车公司打电话了吗?
2. 接线员要了什么号码?
3. 接线员现在做什么?
4. 接线员什么时候通知马丁?

二、角色扮演。
Repeat the dialogues and make a role play with your partners.

三、活学活用。
Study and use.

1. 你的手机找不到了,你跟朋友说什么?
2. 你的朋友觉得你的手机在你的包里,他应该怎么说?(是不是……)
3. 你觉得你的手机被小偷偷走了,你怎么说?(难道……)
4. 现在跟你的同学做一个对话:找手机。
5. 接线员给出租车司机打电话,想想他们会说什么?
6. 马丁的钱包找到了,接线员给马丁打电话,想想他们会说什么?
7. 现在跟你的同学做这两个对话:
   A. 接线员给出租车司机打电话。
   B. 接线员给马丁打电话。

练习 Exercises

一、连字组词。Match the characters into words based on the pinyin given.

qiánbāo　　zǐxì　　　　kùzi　　　　xiǎotōu　　zāogāo
fāpiào　　　shāo děng　chēnghū　　zháo jí　　 xiāoxi

消　钱　仔　着　裤　发　小　稍　称　糟

票　息　子　包　等　细　急　呼　糕　偷

二、听句子，并填空。 Listen and fill in the blanks.

1. 我的_____找不到了。

2. 你_____找找，是不是放在_____口袋里了？

3. 难道被_____偷走了？

4. _____在我这儿，给出租车公司打电话问问吧。

5. 您_____，我马上帮您联系司机。

6. 您别_____，我们一有_____就会马上通知您的。

三、组句。Construct sentences.

1. 钱包　我的　了　找不到

   _____

2. 作业　做　完　我　了

   _____

3. 他　回家　一　睡觉　就　了

   _____

4. 电影票 卖 了 完 今天的

_____

5. 手机 忘 车上 在 我的

_____

四、听后复述。 Listen and retell.

今天我和保罗下了出租车,发现钱包找不到了。保罗让我仔细找找,看看是不是放在裤子口袋里了。我找了找,没有。保罗说会不会被小偷偷走了,我说不可能,出租车上没有小偷。我怀疑(huáiyí, to doubt)钱包落在出租车上了。保罗有打车发票,他让我给出租车公司打电话问问。

我给出租车公司打了个电话,接线员说马上帮我联系司机。他们一有消息就会通知我。过了一会儿,出租车公司给我打电话,说我的钱包找到了,就在我坐的那辆车上。

五、活动。Activity.

猜一猜,手机放在哪儿了?请把你的手机放在一个地方,然后让你的朋友猜一猜,你放在什么地方了。

Guess where is your cell phone. Please put your cell phone in a secret place and then let your partner guess where it is.

A: 我的手机呢?
B: 是不是放在_____了?   A: 不对,再猜!   B: 是不是放在_____了?   ……
……   A: 对,你猜对了!

拓展 Advanced practices

一、练练嘴皮子。Oral exercises.

嘴说腿腿说嘴，
Zuǐ shuō tuǐ tuǐ shuō zuǐ,

嘴说腿爱跑腿，
zuǐ shuō tuǐ ài pǎo tuǐ,

腿说嘴爱卖嘴。
tuǐ shuō zuǐ ài mài zuǐ.

光动嘴不动腿，
Guāng dòng zuǐ bú dòng tuǐ,

光动腿不动嘴，
guāng dòng tuǐ bú dòng zuǐ,

不如不长腿和嘴。
bù rú bù zhǎng tuǐ hé zuǐ.

二、口语惯用语。Colloquial terms.

马大哈 Careless person

"马大哈"的意思是马虎、粗心大意、随便的人。

比如：A：哎呀，我的钱包找不到了。

　　　B：你个马大哈，再好好儿找找。

再比如：A：这是你同屋的书，帮他带回去吧。

　　　　B：他这个人就是个马大哈，谢谢你啦。

请用"马大哈"写一个对话。

三、朗读。 Read aloud.

苏州 与 苏州 园林
Sūzhōu yǔ Sūzhōu Yuánlín

苏州，是 中国 东部的 江苏 省 的一座 大城市，距离 上海 大约 100 公里。说
Sūzhōu, shì zhōngguó dōngbù de Jiāngsū Shěng de yí zuò dà chéngshì, jùlí Shànghǎi dàyuē yìbǎi gōnglǐ. Shuō
到 苏州，我们 就 会 想到 闻名 世界的 苏州 园林。这些 建造 于11世纪到19
dào Sūzhōu, wǒmen jiù huì xiǎng dào wénmíng shìjiè de Sūzhōu Yuánlín. Zhè xiē jiànzào yú shíyī shìjì dào shíjiǔ
世纪的 园林，大多 为 文人 所造。 中国 各地 园林，包括 皇家 园林，都 或多
shìjì de yuánlín, dàduō wéi wénrén suǒ zào. Zhōngguó gèdì yuánlín, bāokuò huángjiā yuánlín, dōu huòduō
或少 受到了 苏州 园林的 影响。 苏州 园林 的设计者和 建造者 追求 的是：
huòshǎo shòudào le Sūzhōu Yuánlín de yǐngxiǎng. Sūzhōu Yuánlín de shèjìzhě hé jiànzàozhě zhuīqiú de shì:
务必使 游览者 无论 站 在 哪个 点 上， 眼前 总是一幅 完美 的 图画。他们 实现
wùbì shǐ yóulǎnzhě wúlùn zhàn zài nǎ ge diǎn shàng, yǎn qián zǒngshì yì fú wánměi de túhuà. Tāmen shíxiàn
了这个 愿望， 游览者 来到 园里，个个 都 有 "如在画中 游"的 感觉。
le zhège yuànwàng, yóulǎnzhě lái dào yuán lǐ, gègè dōu yǒu "rú zài huà zhōng yóu" de gǎnjué.

Suzhou and the Classical Garden of Suzhou

Suzhou is a major city located in Jiangsu Province of East China, about 100 km northwest of Shanghai. It is famous for its classical gardens. Spanning a period of almost one thousand years, from 11th century to 19th century, these gardens are built mostly by scholars. The elegant aesthetics and subtlety of these scholars' gardens are often imitated by various gardens in other parts of China, including the various Imperial Gardens. The designers and builders seek to give visitors the feeling of being inside a perfect painting wherever they are, and the successful realization of their goal made every visitor respond with "it's like walking through a painting".

四、分享交流。Information exchange.

你去过苏州园林吗？或者其他中国的名胜古迹？和你的朋友们谈谈。

1.
2.
3.
4.
5.
6.
7.
8.
9.

14 你不是去过苏州吗？
Nǐ bú shì qù guo Sūzhōu ma?

谈论旅行
Talking about traveling

Lesson 14　Nǐ bú shì qù guo Sūzhōu ma?

热身准备 Warming-up

苏州园林
Sūzhōu Yuánlín

寒山寺
Hánshānsì

苏绣
Sūxiù

丝巾
sījīn

大闸蟹
dàzháxiè

碧螺春
Bìluóchūn

会话 Dialogues

 读对话，把自己不明白的地方标出来。Read and mark.

对话1 Dialogue 1

（保罗 刚 从 苏州 回来。）
（Bǎoluó gāng cóng Sūzhōu huílai.）

林达：你不是去过 苏州 吗？怎么 又 去 了？
Líndá: Nǐ bú shì qù guo Sūzhōu ma? Zěnme yòu qù le?

保罗：我 家人 上 周 来 上海 了，这次 我 是 陪 他们 一起 去 的，当 他们 的 "导
Bǎoluó: Wǒ jiārén shàng zhōu lái Shànghǎi le, zhè cì wǒ shì péi tāmen yìqǐ qù de, dāng tāmen de dǎo
  游"。
  yóu.

林达：你们 玩儿 得 怎么样？
Líndá: Nǐmen wánr de zěnmeyàng?

保罗：玩 得 挺 开心 的，游览 了 几 个 地方，给 亲戚 朋友 买 了 不少 礼物。
Bǎoluó: Wán de tǐng kāixīn de, yóulǎn le jǐ ge dìfang, gěi qīnqi péngyou mǎi le bù shǎo lǐwù.

林达：你们 都 游览 了 哪些 地方？
Líndá: Nǐmen dōu yóulǎn le nǎ xiē dìfang?

保罗：我们 去 了 拙政园 和 寒山寺。我 妈妈 特别 喜欢 拙政园，她 说
Bǎoluó: Wǒmen qù le Zhuōzhèngyuán he Hánshānsì. Wǒ māma tèbié xǐhuan Zhuōzhèngyuán, tā shuō

一 进去，感觉 处 处 都 像 画 一样 漂亮， 我们 拍 了 很 多 照片，你 看。
yí jìnqu, gǎnjué chù chù dōu xiàng huà yíyàng piàoliang, wǒmen pāi le hěn duō zhàopiàn, nǐ kàn.

林达：确实 漂亮 啊。放假 以后，我 也 要 去 一 趟。
Líndá: Quèshí piàoliang a. Fàngjià yǐhòu, wǒ yě yào qù yí tàng.

保罗：这 是 我 从 苏州 买 的 丝巾，送 给 你。
Bǎoluó: Zhè shì wǒ cóng Sūzhōu mǎi de sījīn, sòng gěi nǐ.

林达：啊，非常 漂亮，谢谢，谢谢，让 你 破费 了。
Líndá: À, fēicháng piàoliang, xièxie, xièxie, ràng nǐ pòfei le.

保罗：别客气啦。我 妈妈 买 了 好 几 条 呢，打算 回国 送 给 亲戚。我 爸爸 爱 喝 茶，就
Bǎoluó: Bié kèqi la. Wǒ māma mǎi le hǎo jǐ tiáo ne, dǎsuàn huí guó sòng gěi qīnqi. Wǒ bàba ài hē chá, jiù
买 了 苏州 的 碧螺春。你 猜 我 姐姐 买 了 什么？
mǎi le Sūzhōu de Bìluóchūn. Nǐ cāi wǒ jiějie mǎi le shénme?

林达：什么？
Línda: Shénme?

保罗：买 了 一 套 婚纱。她 快 要 结婚 了，于是 我 带 她 去 逛 了 逛 苏州 的 婚纱 一
Bǎoluó: Mǎi le yí tào hūnshā. Tā kuài yào jiéhūn le, yúshì wǒ dài tā qù guàng le guàng Sūzhōu de hūnshā yì
条 街。
tiáo jiē.

林达：他们 对 你 这 个 导游 非常 满意 吧？
Línda: Tāmen duì nǐ zhè ge dǎoyóu fēicháng mǎnyì ba?

保罗：不 是 非常 满意，是 相当 满意。
Bǎoluó: Bú shì fēicháng mǎnyì, shì xiāngdāng mǎnyì.

1.	导游	dǎoyóu	名 (n.)	tour guide
2.	游览	yóulǎn	动 (v.)	to tour
3.	亲戚	qīnqi	名 (n.)	relative
4.	处处	chùchù	名 (n.)	everywhere
5.	确实	quèshí	副 (adv.)	indeed
6.	趟	tàng	量 (measure word)	times (for actions)
7.	破费	pòfei	动 (v.)	to spend money
8.	婚纱	hūnshā	名 (n.)	wedding dress
9.	相当	xiāngdāng	副 (adv.)	extraordinarily

专有名词 Proper nouns

1.	苏州	Sūzhōu	Suzhou
2.	拙政园	Zhuōzhèngyuán	Humble Administrator Garden in Suzhou
3.	寒山寺	Hánshānsì	Hanshan Temple
4.	碧螺春	Bìluóchūn	a green tea produced in Suzhou

(Paul has just come back from Suzhou.)

Linda: I remember you have been to Suzhou before. Why did you go there again?

Paul: My family came to Shanghai last week, and I went to Suzhou with them this time. I was their tour guide.

Linda: How was your trip?

Paul: We had a good time. We went to several places, and bought many gifts for relatives and friends.

Linda: What places have you been to?

Paul: We went to Humble Administrator Garden and Hanshan Temple. My mother liked Humble Administrator Garden very much. She said she felt like in a painting when she was in the garden. Look, we took lots of photos.

Linda: It's beautiful indeed. I want to go there after we finish this semester.

Paul: I bought this silk scarf from Suzhou, and I want to give it to you.

Linda: Oh, so beautiful, thank you very much.

Paul: You are welcome. My mother bought quite a few of them, and she planned to give them as gifts to my relatives. My dad like drinking tea, so he bought some Suzhou Biluochun. Guess what my sister bought?

Linda: What?

Paul: She bought a wedding dress. She is going to get married soon, therefore I took her to the wedding dress street in Suzhou.

Linda: Your family must be very satisfied with their tour guide.

Paul: Well, not very satisfied, actually they are extraordinarily satisfied.

对话2 Dialogue 2

（林达 和 保罗 谈论 上海 的 景点。）
(Líndá hé Bǎoluó tánlùn Shànghǎi de jǐngdiǎn.)

林达： 上海 的那些 景点 你带 他们 都 去了吧?
Líndá: Shànghǎi de nà xiē jǐngdiǎn nǐ dài tāmen dōu qù le ba?

保罗：外滩、 城隍庙、 新天地 都 去 了，连 浦东 的 上海 中心 大厦也去了。
Bǎoluó: Wàitān、Chénghuángmiào、Xīntiāndì dōu qù le, lián Pǔdōng de Shànghǎi zhōngxīn dàshà yě qù le.

林达：那可是 中国 第一 高楼 啊。
Líndá: Nà kě shì Zhōngguó dìyī gāolóu a.

保罗：可不，那里的电梯速度超快，可以上到118层。
Bǎoluó: Kě bù, nàlǐ de diàntī sùdù chāokuài, kěyǐ shàng dào 118 céng.

林达：就这么两天，你们去了那么多地方啊?
Líndá: Jiù zhème liǎngtiān, nǐmen qù le nàme duō dìfang a?

保罗：时间是有点儿赶，可是他们来一趟不容易，我就想尽量让他们多看
Bǎoluó: Shíjiān shì yǒu diǎnr gǎn, kěshì tāmen lái yí tàng bù róngyì, wǒ jiù xiǎng jǐnliàng ràng tāmen duō kàn
　　　　一些景点。
　　　　yì xiē jǐngdiǎn.

林达：你父母对上海印象怎么样?
Líndá: Nǐ fùmǔ duì Shànghǎi yìnxiàng zěnmeyàng?

保罗：我妈说繁华热闹，尤其是豫园，简直人山人海。
Bǎoluó: Wǒ mā shuō fánhuá rènao, yóuqí shì Yùyuán, jiǎnzhí rénshān rénhǎi.

林达：那里的人一向都多，现在又是旅游旺季，难免会有些乱。
Líndá: Nàlǐ de rén yíxiàng dōu duō, xiànzài yòu shì lǚyóu wàngjì, nánmiǎn huì yǒu xiē luàn.

保罗：我爸觉得这里的生活节奏快，路上的年轻人走得特别快。他还总
Bǎoluó: Wǒ bà juéde zhèlǐ de shēnghuó jiézòu kuài, lù shang de niánqīngrén zǒu de tèbié kuài. Tā hái zǒng
　　　　抱怨我走得快呢。
　　　　bàoyuan wǒ zǒu de kuài ne.

林达：大城市都这样。
Líndá: Dà chéngshì dōu zhèyàng.

保罗：对了，这周末我们还要去南京逛逛，你要不要一块儿去?
Bǎoluó: Duì le, zhè zhōumò wǒmen hái yào qù Nánjīng guàngguang, nǐ yào bú yào yí kuàir qù?

林达：我就不去了，你陪他们好好玩儿玩儿。
Líndá: Wǒ jiù bú qù le, nǐ péi tāmen hǎohāo wánrwánr.

10.	连	lián	连 (conj.)	even
11.	可	kě	副 (adv.)	used to emphasize an action or state
12.	速度	sùdù	名 (n.)	speed
13.	超	chāo	副 (adv.)	super
14.	尽量	jǐnliàng	动 (v.)	to try one's best
15.	印象	yìnxiàng	名 (n.)	impression
16.	繁华	fánhuá	形 (adj.)	prosperous
17.	尤其	yóuqí	副 (adv.)	especially
18.	简直	jiǎnzhí	副 (adv.)	simply
19.	人山人海	rénshānrénhǎi		full of people
20.	一向	yíxiàng	副 (adv.)	from the past until now

21.	旺季	wàngjì	名 (n.)	busy season
22.	难免	nánmiǎn	形 (adj.)	unavoidable
23.	节奏	jiézòu	名 (n.)	pace
24.	抱怨	bàoyuan	动 (v.)	to complain

专有名词 Proper nouns

5.	外滩	Wàitān	the Bund
6.	城隍庙	Chénghuángmiào	the Temple of the City God in Shanghai
7.	新天地	Xīntiāndì	Xintiandi

(Linda and Paul are talking about the scenic spots in Shanghai.)

Linda: You have taken them to the scenic spots in Shanghai, haven't you?

Paul: We have been to the Bund, the Temple of City God, Xintiandi, and even the Shanghai Tower.

Linda: That's the highest building in China.

Paul: Yeah. The speed of the elevator is super-fast. We stopped by the 118th floor.

Linda: Wow, you have been to so many places in a few days.

Paul: They travel so far away to come here, so I want them to go as many places as possible.

Linda: What impressions do your parents have on Shanghai?

Paul: My mother thinks Shanghai is a prosperous city with so many people. Especially in Yuyuan Garden, it's so crowded.

Linda: That's always a crowded place, and now it is the busy season for travelling, so it is unavoidably in chaos.

Paul: My father thinks the life here goes on in a quick pace, for he sees the young people walking very fast on the street — and he always complained that I walked too fast!

Linda: You know we are in a big city.

Paul: By the way, we will go to Nanjing this weekend. Would you like to join us?

Linda: No, thanks. Enjoy your family trip in Nanjing.

语法讲练 Grammar

一、"连……也/都……" even

这是一种表示强调的方法。"连"和"也/都"之间可以放名词、动词、句子或数量词组（数词只能是"一"）。

A noun, a verb, a sentence or a phrase of numeral-classifier compound (the numeral can only be "one") can be put between "连" and "也/都" as a form of emphasis.

例：1. 外滩、城隍庙都去过了，连浦东的上海中心大厦也去了。（强调去的地方多）

2. 他今天早上起晚了，连脸都没洗就走了。（强调他走得急）

3. 考试的时候我太紧张了，连一个汉字都不记得了。（强调紧张）

4. 这个名字我连听也没听过，当然不认识了。（强调我不认识这个人）

> 根据英文提示，用"连……也……"完成句子。
> Complete sentences with "连……也……".

1. 我去过很多地方，_____。

   (I have even been to Africa.)

2. 今天我很累，_____。

   (I don't want to say even a single word.)

3. 这个问题太简单了，_____，你怎么不知道？

   (Even the children know it.)

二、"可"

表示强调，用在主语和谓语之间。

"可" can be put between the subject and the predicate as an emphasis.

例：1. 那可是中国第一高楼啊。（强调那是中国第一高楼）

2. A: 你知道吗？他们离婚了。B: 这我可不知道。（强调我不知道。）

3. 这个西瓜可甜了。（强调西瓜很甜）

完成句子。Complete the sentences below.

1. 我们出去散散步吧，今天的天气＿＿＿＿＿＿＿＿＿＿＿＿＿＿＿。（really good）
2. 我从来不去那里买东西，那里的东西＿＿＿＿＿＿＿＿＿＿＿＿。（very expensive）
3. 你怎么能不帮她呢？＿＿＿＿＿＿＿＿＿＿＿＿＿＿＿＿。（She is your girlfriend.）

三、难免　unavoidable

表示情况难以避免。用在动词或形容词前，或者"是……的"之间。

"难免" means "unavoidable/unavoidably". It can be put before a verb or an adjective, or put between "是" and "的".

例： 1. 现在是旅游旺季，那里难免会比较乱。
　　 2. 他车开那么快，难免出事故。
　　 3. 寂寞的时候，想家是难免的。

完成句子。Complete the sentences below.

1. 每天坐在电脑前工作，不出去锻炼，＿＿＿＿＿＿＿＿＿＿＿＿＿＿＿＿＿。
2. 父母不让她谈恋爱，因为＿＿＿＿＿＿＿＿＿＿＿＿＿＿＿＿＿＿＿。
3. 你天天睡得那么晚，＿＿＿＿＿＿＿＿＿＿＿＿＿＿＿＿＿＿＿＿＿。

Lesson 14　Nǐ bú shì qù guo Sūzhōu ma?

 会话实践　Dialogue practices

一、回答问题。Read the dialogues again and answer the questions below.

对话1

1. 保罗为什么又去苏州了？
2. 他们去了苏州哪些地方？
3. 他父母买了什么东西？
4. 他为什么带他姐姐去婚纱一条街？

对话2

1. 保罗带他父母去了上海哪些地方？
2. 保罗为什么要带他父母去那么多地方？
3. 保罗妈妈对上海的印象怎么样？
4. 保罗爸爸对上海的印象怎么样？
5. 这周末保罗他们还要去哪里？

二、角色扮演

Repeat the dialogues and make a role play with your partners.

三、活学活用

Study and use.

1. 你去过苏州或杭州吗？
2. 如果你要带你的家人去苏州或杭州，你会带他们去哪些地方？为什么？
3. 假设你要跟你的家人去苏州或杭州旅行两天，请你做一个详细的旅行安排，包括：交通、宾馆、景点、吃饭等。

时间	
交通	
宾馆	
景点	
吃饭	

练习 Exercises

一、连字组词。Match the characters into words based on the pinyin given.

qīnqi　　　　dǎoyóu　　　　quèshí　　　　xiāngdāng　　　　sùdu
jǐnliàng　　　yìnxiang　　　fánhuá　　　　jiǎnzhí　　　　　nánmiǎn

相　　导　　尽　　繁　　简　　亲　　难　　印　　确　　速

量　　象　　华　　游　　实　　当　　戚　　度　　免　　直

二、听句子，并填空。🎧 Listen and fill in the blanks.

1. 这次我是_____他们一起去的，我当他们的_____。

2. 我妈特别喜欢拙政园，她说一进去，感觉处处_____漂亮。

3. 他们来一趟不容易，我就想_____让他们多看一些景点。

4. 你父母对上海_____怎么样？

5. 我妈觉得上海_____。

6. 我爸觉得这里的_____快，他总_____我走得快呢。

三、造句。Make sentences with the words given.

1. 连……也……
   _____

2. 一向
   _____

3. 难免
   _____

4. 简直
   _____

5. 确实
   _____

四、听后复述。 Listen and retell.

　　这个周末，保罗陪他家人去了一趟苏州。他们逛了苏州的拙政园和寒山寺。保罗的妈妈特别喜欢拙政园，觉得里面美得像画一样。保罗的妈妈买了好多条丝巾，打算回国后送给亲戚。保罗爸爸爱喝茶，就买了苏州的碧螺春。保罗带他姐姐去苏州婚纱一条街买了一套婚纱，因为他姐姐快要结婚了。

　　去苏州以前，保罗已经带他家人去了上海的很多景点。虽然很累，但是保罗觉得家人来一趟上海不容易，所以尽量带他们多看一些景点。保罗的妈妈觉得上海是个繁华热闹的地方。保罗的爸爸觉得上海的年轻人生活节奏太快了。下个周末，保罗还要带他们去一趟南京。

五、活动。 Activity.

请和你的伙伴找出你所在城市的五个景点，完成下面这个表格。
Work with your partner to find five tourist spots of your city, and finish this table.

你在哪里?					
景点叫什么名字?					
怎么去?					
多长时间到那里?					
去做什么?					

拓展 Advanced practices

一、练练嘴皮子。 Oral exercises.

唧唧复唧唧，木兰当户织。不闻机杼声，唯闻女叹息。
Jījī fù jījī, Mùlán dāng hù zhī. Bù wén jī zhù shēng, wéi wén nǚ tànxī.

问女何所思，问女何所忆。女亦无所思，女亦无所忆。
Wèn nǚ hé suǒ sī, wèn nǚ hé suǒ yì. Nǚ yì wú suǒ sī, nǚ yì wú suǒ yì.

昨夜见军帖，可汗大点兵，军书十二卷，卷卷有爷名。
Zuóyè jiàn jūntiě, Kèhán dà diǎnbīn, jūn shū shí'èr juàn, juàn juàn yǒu yé míng.

阿爷无大儿，木兰无长兄，愿为市鞍马，从此替爷征。
Āyé wú dà'ér, Mùlán wú zhǎngxiōng, yuàn wèi shì ānmǎ, cóngcǐ tì yé zhēng.

二、口语惯用语。Colloquial terms.

盼星星盼月亮 Wait earnestly

"盼星星盼月亮"的意思是盼望的心情很急切。

比如：A：我盼星星盼月亮，终于盼到周末了。
　　　B：终于盼到不用上课了吧？

再比如：A：你去哪儿了？我盼星星盼月亮地等了你半天了。
　　　　B：真不好意思，路上堵车了。

请用"盼星星盼月亮"写一个对话。

三、朗读。 Read aloud.

春节与高铁
Chūn jié yǔ gāotiě

扫墓 作为一种 传统，在 现代 城市 中 得到了延续。但它仍无法和另
Sǎomù zuòwéi yì zhǒng chuántǒng, zài xiàndài chéngshì zhōng dé dào le yánxù. Dàn tā réng wúfǎ hé lìng

一个 传统 节日相比。无论 身 处何方， 中国 人都会赶回家度过这个节日。
yí gè chuántǒng jiérì xiàng bǐ. Wúlùn shēn chǔ hé fāng, Zhōngguó rén dōu huì gǎn huí jiā dùguò zhè ge jiérì.

这就是春节。每年 这个 时候，都会有 两亿 中国 人离开城市。这 堪 称世界
Zhè jiù shì Chūn jié. Měi nián zhè ge shíhou, dōu huì yǒu liǎng yì Zhōngguó rén líkāi chéngshì. Zhè kān chēng shìjiè

上 规模 最大的 人口 流动。 人们 是以什么 样 的方式离开 城市， 回到
shàng guīmó zuì dà de rénkǒu liúdòng. Rénmen shì yǐ shénme yàng de fāngshì líkāi chéngshì, huí dào

家人 身 边 的呢？他们 乘坐 世界 上 先进的 交通 工具——高铁。
jiārén shēn biān de ne? Tāmen chéngzuò shìjiè shàng xiānjìn de jiāotōng gōngjù — gāotiě.

——选自纪录片《鸟瞰中国（2）》（时段00:09:45-00:11:25）

Spring Festival and the High-Speed Rail

Tomb sweeping is a tradition being kept alive in modern cities, but it's dwarfed by another festival that draws Chinese people all the way to their home villages and towns wherever they are now. It's the Chinese New Year. 200 million Chinese leave the cities, the biggest annual migration of people on the planet, but how do so many people leave their cities for the homes to meet their parents and grandparents? By adopting the most advanced transportation system in the world, the high-speed rail.

15 请把护照给我
Qǐng bǎ hùzhào gěi wǒ

买车票、入住宾馆
Buying (train) tickets / Checking in at a hotel

Lesson 15 Qǐng bǎ hùzhào gěi wǒ

热身准备 Warming-up

1. 这种火车叫什么?
   What is this train's name?
2. 你坐过吗?
   Have you ever taken this train?

3. 这是去哪里的火车票?
   What is the destination of this ticket?
4. 这张票多少钱?
   How much is this ticket?
5. 这张票的座位是什么座位?
   What is the class of this ticket's seat?
6. 这辆高铁什么时候出发?
   When does this high-speed train depart?
7. 你买火车票要带什么?
   What would you take when you buy a train ticket?

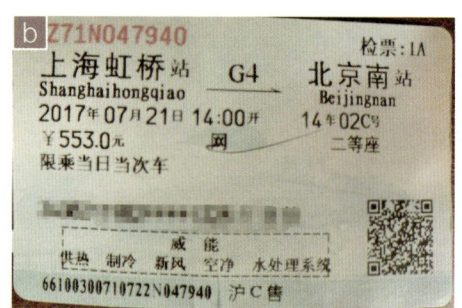

8. 你预定过宾馆房间吗?
   Have you ever booked a hotel?
9. 这样的房间叫什么房间?
   What is the name of such a room in the picture?

10. 住宾馆的时候服务员要你出示什么?
    What will the hotel receptionist ask you to show him/her when you check in?

会话 Dialogues

 读课文，把自己不明白的地方标出来。Read and mark.

对话1 Dialogue 1

（马丁 和 保罗 要 去 杭州 旅行，他们 在 火车 站 买票。）
（Mǎdīng hé Bǎoluó yào qù Hángzhōu lǚxíng, tāmen zài huǒchē zhàn mǎipiào.）

马丁：您 好，我 要 两 张 去 杭州 的 票。
Mǎdīng: Nín hǎo, wǒ yào liǎng zhāng qù Hángzhōu de piào.

售票员： 什么 时候 出发？
Shòupiàoyuán: Shénme shíhou chūfā?

马丁：明天 早上 8点 左右。
Mǎdīng: Míngtiān zǎoshang bādiǎn zuǒyòu.

售票员： G7503 次 高铁 二等座，要 吗？
Shòupiàoyuán: Gqī wǔ líng sān cì gāotiě èrděngzuò, yào ma?

马丁：要。
Mǎdīng: Yào.

售票员： 请 把 护照 给 我。
Shòupiàoyuán: Qǐng bǎ hùzhào gěi wǒ.

马丁：我还要买两张返程票，后天下午3点钟的有吗？
Mǎdīng: Wǒ hái yào mǎi liǎng zhāng fǎnchéng piào, hòutiān xiàwǔ sāndiǎn zhōng de yǒu ma?

售票员：我查查，有。一共四张，请拿好。
Shòupiàoyuán: Wǒ chácha, yǒu. Yígòng sì zhāng, qǐng ná hǎo.

1.	高铁	gāotiě	名 (n.)	high-speed train
2.	二等座	èrděngzuò		second class ticket
3.	返程	fǎnchéng	名 (n.)	return journey
4.	查	chá	动 (v.)	to check

(Martin and Paul are going to Hangzhou for touring, and now they are buying tickets at the railway station.)

Martin: Hello, I need two tickets to Hangzhou.

Conductor: When would you like to leave?

Martin: About 8 o'clock tomorrow morning.

Conductor: There are second class tickets of train No. G7503. Do you want these?

Martin: Yes, please.

Conductor: Please give me your passports.

Martin: I also need to buy two tickets for the return journey. Are there any available at 3 p.m. the day after tomorrow?

Conductor: Let me check. Yes, there are tickets at that time. Altogether 4 tickets, here you are.

对话2 Dialogue 2

（马丁和保罗到了预订的宾馆。）
（Mǎdīng hé Bǎoluó dào le yùdìng de bīnguǎn.）

保罗：您好，我们在网上预订了一个房间。
Bǎoluó: Nínhǎo, wǒmen zài wǎng shàng yùdìng le yí ge fángjiān.

服务员：请把您的电话号码告诉我。
Fúwùyuán: Qǐng bǎ nín de diànhuà hàomǎ gàosu wǒ.

保罗：18766668888。
Bǎoluó: 18766668888.

服务员：您 订了一个 标准间， 含 早餐。请 出示 一下 两 位 的 证件。
Fúwùyuán: Nín dìng le yí gè biāozhǔnjiān, hán zǎocān. Qǐng chūshì yíxià liǎng wèi de zhèngjiàn.

保罗：好 的。
Bǎoluó: Hǎo de.

服务员：请 你们 填 一下 表。
Fúwùyuán: Qǐng nǐmen tián yíxià biǎo.

保罗：填 好了。
Bǎoluó: Tián hǎo le.

服务员：房 费 299 元，押金 300，刷卡 还是 现金？
Fúwùyuán: Fáng fèi èrbǎijiǔshíjiǔ yuán, yājīn sānbǎi, shuākǎ háishì xiànjīn?

保罗：刷卡。
Bǎoluó: Shuākǎ.

服务员：请 输入 密码。请 签字。这 是 你们 的 房卡。 房间 在 八 楼，电梯 在 那边。
Fúwùyuán: Qǐng shūrù mìmǎ. Qǐng qiānzì. Zhè shì nǐmen de fángkǎ. Fángjiān zài bā lóu, diàntī zài nàbian.

保罗：谢谢。
Bǎoluó: Xièxie.

5.	预定	yùdìng	动 (v.)	to book; to reserve
6.	告诉	gàosu	动 (v.)	to tell
7.	标准间	biāozhǔnjiān	名 (n.)	standard room
8.	含	hán	动 (v.)	to include
9.	出示	chūshì	动 (v.)	to take out and show
10.	证件	zhèngjiàn	名 (n.)	identification
11.	填	tián	动 (v.)	to fill in
12.	表	biǎo	名 (n.)	(a) form
13.	房费	fángfèi	名 (n.)	room fee
14.	押金	yājīn	名 (n.)	deposit
15.	现金	xiànjīn	名 (n.)	cash
16.	输入	shūrù	动 (v.)	to input
17.	密码	mìmǎ	名 (n.)	password
18.	签字	qiānzì	动 (v.)	to sign
19.	电梯	diàntī	名 (n.)	elevator

(Martin and Paul arrive at the booked hotel.)

Paul: Hi, we have booked a room online.

Receptionist: Please tell me your phone number.

Paul: It's 18766668888.

Receptionist: You have booked a standard room which contains breakfast. Please show me your identifications.

Paul: Here you are.

Receptionist: Please fill in the forms.

Paul: Done.

Receptionist: Room fee is 299 yuan, but you still need to provide a deposit of 300 yuan. Cash or card?

Paul: Card.

Receptionist: Please input your password and sign. This is your room card. Your room is on the eighth floor. Elevator is that way.

Paul: Thanks.

语法讲练 Grammar

一、"把"字句 "把-Sentence"

"把"字句是常见而又复杂的句子。主要用来表示主语对宾语的处置情况。宾语应置于"把"和动词之间。动词后面一般有补语或其他成分。注意:"把"字句的动词需使用及物动词,宾语应是确指或已知的人或事。

A "把-sentence" is widely used but complicated. It is mainly used to express what a subject does to an object. The object should be placed between the function word "把" and the verb. There is usually a complement or other elements after the verb. In a "把-sentence", a transitive verb should be used and the object should be a definite person or thing.

例:1. 他把那个苹果吃了。

2. 把书放在桌子上。

1. 结构一:主语 + 把 + 宾语 + 给/还给/借给/送给 + 某人
   Structure I: Subject + 把 + Object + 给/还给/借给/送给 + somebody

   例:(1) 请把护照给我。

   (2) 我把书还给图书馆了。

   (3) 我把自行车借给朋友了。

翻译。Translate the sentences below into Chinese.

1. Please give your homework to me. _____

2. Don't lend your cell phone to people you do not know. _____

3. I want to give this Chinese book to my little brother as a gift. _____

2. 结构二：主语＋把＋宾语＋告诉＋某人
   Structure II: Subject ＋ 把 ＋ Object ＋ 告诉 ＋ somebody

例： （1）把你的电话号码告诉我。

（2）别把这件事情告诉他。

翻译。Translate the sentences below into Chinese.

1. Please tell me your passport number. _____

2. Can you tell me her birthday? _____

会话实践 Dialogue practices

一、回答问题。Read the dialogues again and answer the questions below.

对话1
1. 马丁和保罗要去哪里？
2. 他们买了几点的票？什么座位？
3. 他们买了返程票吗？
4. 买票的时候，他们要给售票员什么东西？

对话2
1. 马丁和保罗在哪里预定了房间？
2. 他们预定了一个什么房间？
3. 这个房间有没有早餐？
4. 他们一共给了前台服务员多少钱？
5. 房间在几楼？

二、角色扮演。
Repeat the dialogues and make a role play with your partner.

三、活学活用。
Study and use.

1. 请你用手机查一查这周五上海到南京的高铁票还有没有。
2. 上午九点多的票，是什么车次？
3. 从上海哪个站出发？
4. 一张二等座的票多少钱？
5. 请你用手机APP，在学校附近找一个宾馆的房间。
   要求： A. 标准间
   　　　 B. 一晚上房费300元左右
   　　　 C. 有早餐

练习 Exercises

一、连字组词。Match the characters into words based on the pinyin given.

gāotiě	fǎnchéng	yùdìng	gàosù	zhèngjiàn
fángfèi	yājīn	mìmǎ	qiānzì	diàntī

电　签　密　押　告　证　房　预　返　高

码　金　件　梯　字　订　程　铁　费　诉

二、听句子，并填空。 Listen and fill in the blanks.

1. 我要两张去杭州的_____票。

2. 我还要买两张_____票，后天下午三点钟的有吗？

3. 我们在网上_____了一个房间。

4. 请把您的电话号码_____我。

5. 请出示一下两位的_____。

6. _____299元，_____300元，刷卡还是_____？

三、造句。Make sentences.

1. 把……给……
   _____

2. 把……还给……
   _____

3. 把……借给……
   _____

4. 把……告诉……
   _____

四、听后复述。 Listen and retell.

马丁和保罗要去杭州旅行，他们在火车站买了两张明天早上八点去杭州的高铁票，还买了两张后天下午三点的返程票。

保罗已经在网上预订了一个宾馆。到了宾馆，他把电话号码告诉了服务员，然后填了表，付了房费和押金。服务员告诉他，房间在八楼，可以坐电梯上去。

五、活动。Activity.

查一查这个星期六的高铁时刻表，完成这个表格。
Check the high-speed railway timetable of this Saturday and complete the table below.

出发地 到达地	出发时间 到达时间	出发车站 到达车站	车次	二等座票价	是否有票
上海到杭州					
上海到苏州					
上海到南京					

上海到北京					
上海到成都					
上海到西安					

拓展 Advanced practices

一、练练嘴皮子。Oral exercise.

小兔子做裤子，
Xiǎo tùzi zuò kùzi,

量了裤子量肚子，
liáng le kùzi liáng dùzi,

做好裤子提不上肚子。
zuò hǎo kùzi tí bu shàng dùzi.

小兔子看裤子，
Xiǎo tùzi kàn kùzi,

不知是没量准裤子，
bù zhī shì méi liáng zhǔn kùzi,

还是没量准肚子。
háishì méi liáng zhǔn dùzi.

二、口语惯用语。Colloquial terms.

不过如此 Just so so

"不过如此"的意思是没有什么特别，和原来的（或别人的）差不多。

比如：马丁：杭州不过如此嘛。

保罗：我觉得挺漂亮的、西湖也挺美的，我喜欢。

再比如：A：听说那个电影很好看，你看了没有？

B：看了，我觉得不过如此。

请用"不过如此"写一个对话。

三、这些地方都是南京的名胜古迹，你知道这些地方的名字吗？做一个南京旅行计划。
Do you know the famous sights in Nanjing? And please make a tour plan to Nanjing.

四、朗读。 Read aloud.

高铁
Gāotiě

于 2007 年开始建设的中国高铁，运营里程已经突破10 000 公里，并且还在持续增长，它已成为世界上运营里程最长的高速铁路网。从上海到北京的 1 300 公里路程，过去要花 14 个小时，现在高铁的运行速度，接近每小时 300 公里，同样的路程只需5个多小时。

——选自纪录片《鸟瞰中国（2）》（时段00:11:30-00:12:00）

High-Speed Rail

Started in only 2007 at 6 000 miles and growing, it's already the longest bullet train network in the world. Traveling the 800-mile trip from Shanghai to Beijing used to take 14 hours, and now you can get there in just over 5 hours at speeds upwards of 180 miles per hour.

五、你想去哪里旅行？做一个旅行计划吧。
Where do you want to go? Please make a tour plan in Chinese.

1.

2.

3.

4.

5.

6.

7.

8.

9.

10.

练习答案

第1课 请自我介绍一下

语法讲练 Grammar

一、要是……就……

完成句子。

1. 要是我有钱，我就去世界各地旅游。（供参考）
2. 要是你不去，我就不去。（供参考）
3. 要是明天天气不好，我们就在宿舍休息吧。（供参考）

练习 Exercises

一、连字组词。

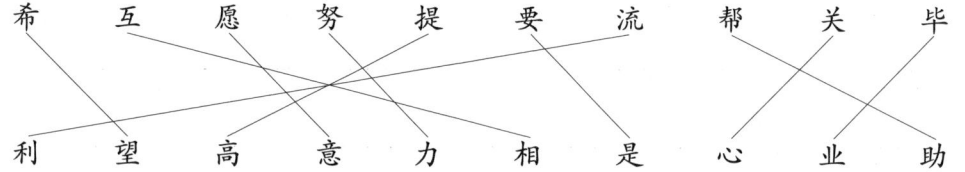

二、听句子，并填空。

1. 自我介绍　2. 希望、提高、关心、帮助　3. 帮我一个忙　4. 流利　5. 语伴　6. 愿意、微信

第2课 我说个通知

语法讲练 Grammar

一、"有的……有的……"

请将下列句子译成中文。

1. 我们班有的同学喜欢听音乐，有的喜欢看电影。
2. 他有很多书，有的是英文书，有的是中文书。

二、"有"

组词成句。

1. 书店里有很多人。
2. 学校里没有银行。

3. 桌子上有一个手机。

三、"给"

请将下列句子译成中文。

1. 他想给他女朋友买一些花。
2. 安娜昨天借给我100块钱，今天我想还给她。

练习 Exercises

一、连字组词。

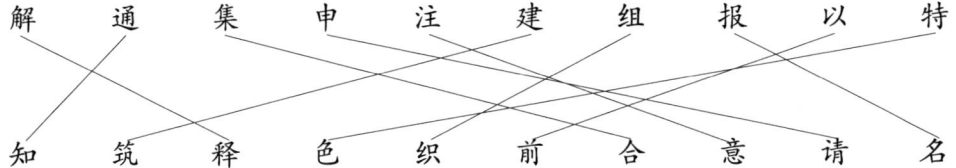

二、听句子，并填空。

1. 注意、通知　2. 以前、申请　3. 组织、参观　4. 桥、河、古代建筑　5. 游遍　6. 集合、学生证

第3课　我想跟你见个面

语法讲练 Grammar

一、动词的进行

给下面的句子加"在""正""正在"和"正在……呢"。

1. 他在听音乐（呢）。／他正听音乐呢。／他正在听音乐（呢）。
2. 我们在喝咖啡（呢）。／我们正喝咖啡呢。／我们正在喝咖啡（呢）。
3. 他们在打篮球（呢）。／他们正打篮球呢。／他们正在打篮球（呢）。
4. 我去的时候我朋友在打电话（呢）。／我去的时候我朋友正打电话呢。／我去的时候我朋友正在打电话呢。
5. 弟弟在开爸爸新买的汽车（呢）。／弟弟正开爸爸新买的汽车呢。／弟弟正在开爸爸新买的汽车（呢）。

二、"吧"问句

> 用"吧"问句完成对话。

1. 你是老师吧?

2. 你是医生吧?

3. 你会说英语吧?

练习 Exercises

一、连字组词。

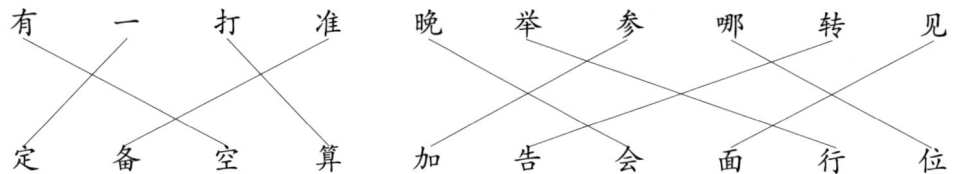

二、听句子,并填空。

1. 哪位　2. 有空、见见面　3. 打算、晚会、参加　4. 就　5. 出去　6. 转告

第4课 以后再说吧

语法讲练 Grammar

一、程度补语

> 改错句。

1. 医生让李小姐多喝水,因为她水喝得太少。

2. 那个司机开车开得不慢。

3. 他哥哥打球打得很高兴。

二、"了"

> 把"了"放在句中适当的位置。

1. 昨天我去公园看花了。

2. 星期六我看了一个电影。

用"了"把下面的否定式改成肯定式。
1. 星期天我去公园了。
2. 他买了两个包子。

练习 Exercises

一、连字组词。

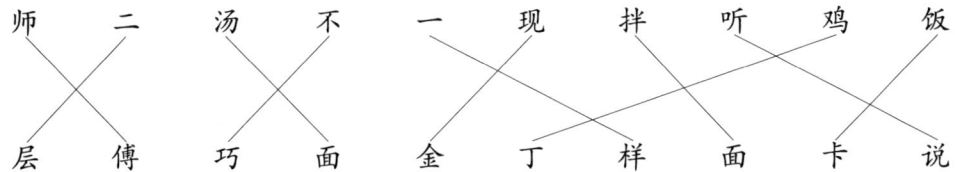

二、听句子，并填空。

1.饿 2.汤面、拌面 3.饭卡 4.现金 5.二层、挺 6.不巧

第5课 对不起，我来晚了

语法讲练 Grammar

一、结果补语

填空。
1.懂 2.完 3.清楚 4.成 5.错

练习 Exercises

一、连字组词。

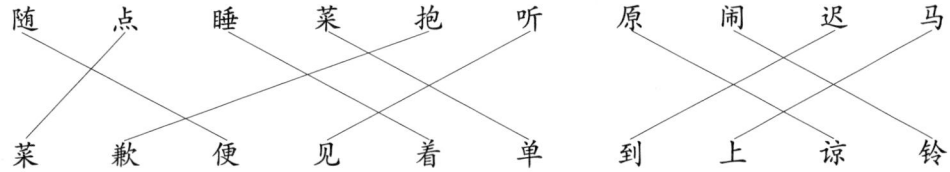

二、听句子，并填空。

1.才来 2.才睡着、闹铃 3.别迟到 4.随便 5.抱歉 6.原谅、马上

三、用"就"和"才"填空。

1.才 2.就 3.就 4.就 5.才

第6课 太可惜了

语法讲练 Grammar

一、趋向补语

请将下列句子译成中文。

1. 一下课，她就跑出教室去了。
2. 我很喜欢这双鞋，想带回家去。
3. 你想在这儿吃还是带回家去吃？

二、"是不是"构成的正反疑问句

用"是不是"完成句子。（答案供参考）

1. 是不是病了？
2. 是不是要结婚了？/是不是遇到什么好事了？
3. 是不是因为天气不好？

练习 Exercises

一、连字组词。

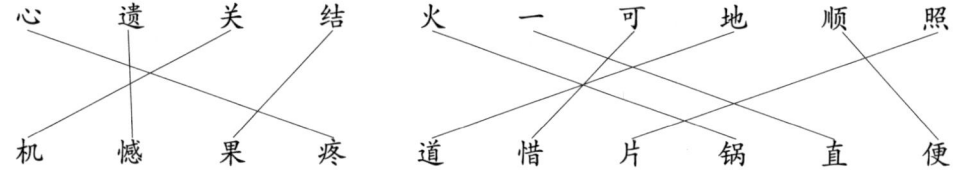

二、听句子，并填空。

1. 一直　2. 火锅、掉进　3. 照片、结果　4. 大熊猫、地道　5. 不够　6. 遗憾

第7课 以后常来

语法讲练 Grammar

一、比较句

写比较句。

1. 他的手机比我的贵1 000块钱。

2. 保罗比马丁大一岁。

3. 安娜比美真高。

二、多……

用"多……"完成句子。（答案供参考）

1. 多听多说多练。

2. 多运动。

练习 Exercises

一、连字组词。

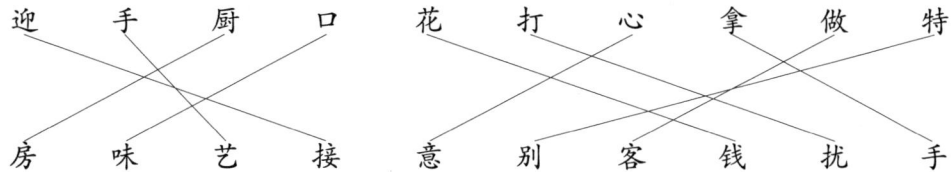

二、听句子，并填空。

1. 做客　2. 乱花钱　3. 闻着　4. 特别　5. 拿手　6. 打扰

三、用所给词回答问题。（答案供参考）

1. 多吃点儿，别客气。

2. 你要多听多说多练。

3. 我还想再去一次(那家饭店)。

4. 帮我买瓶水，好吗?

5. 替我跟老师请个假，好吗?

第8课 祝贺你

语法讲练 Grammar

二、动词"了"作可能补语

选择填空。

1. 去不了　　　2. 参加得了　　　3. 拿不了　　　4. 用不了

练习 Exercises

一、连字组词。

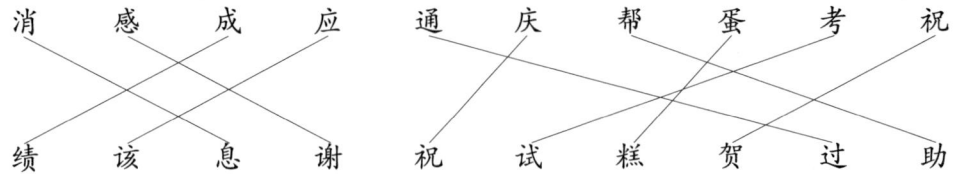

二、听句子，并填空。

1. 成绩　2. 通过　3. 祝贺　4. 消息　5. 礼物　6. 感动、开心

三、用所给词完成句子。（答案供参考）

1. 要感谢你的帮助
2. 告诉你一个好消息
3. 应该休息休息
4. 陪我的朋友看病
5. 没通过

第9课 别玩儿手机了

语法讲练 Grammar

一、"有点儿"作状语

用"有点儿"和"一点儿"填空。

1. 有点儿、一点儿　　2. 一点儿　　3. 有点儿、有点儿

二、存现句

组句。

1. 墙上挂着一幅画。
2. 那边开来一辆车。
3. 前边来了一个人。

练习 Exercises

一、连字组词。

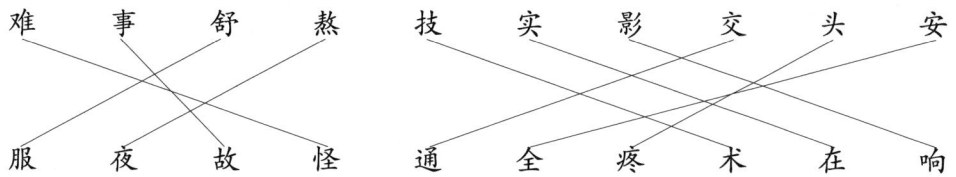

二、听句子,并填空。

1. 熬夜、难怪 2. 舒服 3. 影响 4. 安全 5. 出事故 6. 交通事故

三、用所给词回答问题。(答案供参考)

1. 大家别迟到了　　　2. 实在太好看了　　　3. 影响上课
4. 难怪他不高兴呢　　5. 身体不舒服

第10课 明天比今天还热呢

语法讲练 Grammar

一、比较句(2)

1. 这件衣服比那件贵20块钱。　　2. 我们班的学生比他们班多两个。

二、比较句(3)

把"比"字句改成"没有"的否定句。

1. 昨天没有今天热。
2. 食堂里的菜没有饭馆儿里的好吃。
3. 昨天的语法没有今天的难。

三、"虽然……但是……"

完成句子。(答案供参考)

1. 但是进步很快。　　2. 但是我不想开空调。　　3. 但是中文说得很好。

练习 Exercises

一、连字组词。

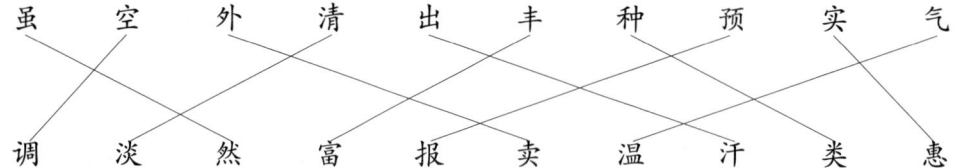

二、听句子,并填空。

1. 闷、热 2. 预报 3. 虽然、但是 4. 受不了、游泳 5. 实惠 6. 种类、丰富、清淡

三、用所给词完成句子。(答案供参考)

1. 比今天还热   2. 没有北京大   3. 但是还要上班   4. 吃点儿清淡的   5. 比较实惠

第11课 我没有您写得好

语法讲练 Grammar

一、比较句(4)

1. 我游得没有你好。
2. 安娜没有美真跑得快。

二、"只要……就……"

完成句子。(答案供参考)

1. 汉语水平就会很快提高   2. 我们就去踢足球

三、"除了……以外……"

用"除了……以外"改写句子。

1. 除了北京、上海以外,我还去过广州、成都。
2. 除了英语以外,小王还会说法语。
3. 除了马丁以外,我们都去过北京。
4. 除了水以外,别的我都不想喝。

练习 Exercises

一、连字组词。

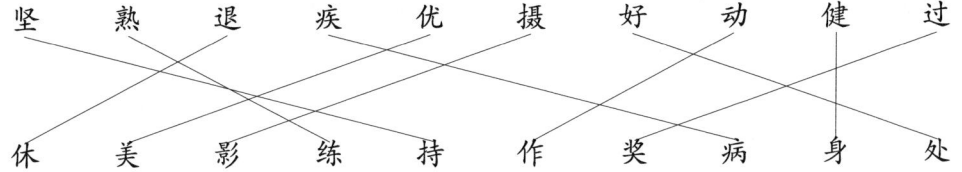

二、听句子，并填空。

1. 太极拳   2. 熟练、优美   3. 好处、预防疾病、增强体质   4. 毛笔字   5. 坚持   6. 课余、健身

第12课 您过奖了

语法讲练 Grammar

一、"够……的"

改写句子。

1. 昨天忙了一天，真够累的。   2. 你的箱子真够重的。

二、"越……越……"

改写句子。

1. 他的汉语越学越好。

2. 风越刮越大。

3. 这本书很有意思，我越看越喜欢。

三、"既……也……"

1. 我既喜欢吃中国菜，也喜欢吃日本菜。

2. 我既要做饭，也要洗衣服。

3. 他既会唱歌，也会跳舞。

练习 Exercises

一、连字组词。

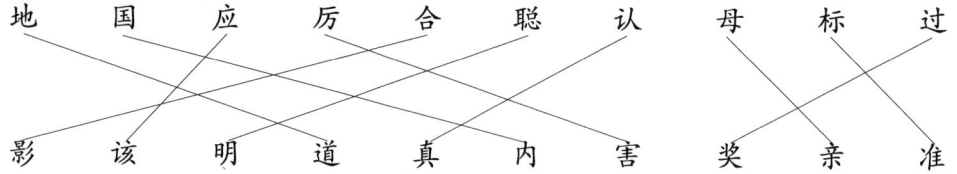

二、听句子，并填空。

1. 流利、标准　2. 过奖　3. 交流、越说越流利　4. 小伙子、认真　5. 国内　6. 母亲、父亲

第13课 钱包被小偷偷走了

语法讲练 Grammar

一、无标记被动句

改写句子。

1. 手机找不到了。

2. 作业做完了。

3. 书忘在房间里了。

二、"一……就……"

完成句子。（答案供参考）

1. 小张一回家<u>就开始做作业</u>。

2. 一下雨<u>路上就堵车</u>。

3. 我一喝酒<u>脸就红了</u>。

练习 Exercises

一、连字组词。

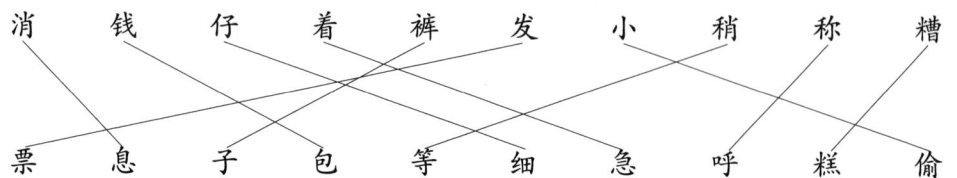

188

二、听句子，并填空。

1. 钱包　2. 仔细、裤子　3. 小偷　4. 发票　5. 稍等　6. 着急、消息

三、组句。

1. 我的钱包找不到了。
2. 我做完作业了。
3. 他一回家就睡觉了。
4. 今天的电影票卖完了。
5. 我的手机忘在车上了。

第14课 你不是去过苏州吗？

语法讲练 Grammar

一、"连……也/都……"

1. 连非洲也去过
2. 连一句话也不想说
3. 连小孩子都知道

二、"可"

1. 可好了
2. 可贵了
3. 她可是你的女朋友

三、"难免"

完成句子。（答案供参考）

1. 难免会胖
2. 谈恋爱难免影响学习
3. 难免会生病

练习 Exercises

一、连字组词。

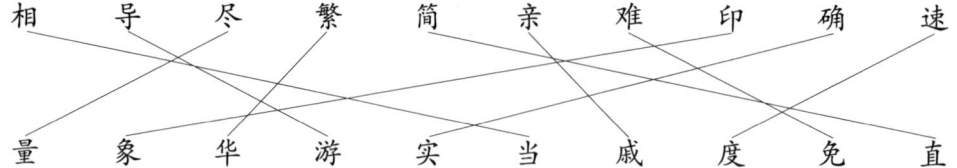

二、听句子，并填空。

1. 陪、导游　2. 像画一样　3. 尽量　4. 印象　5. 繁华热闹　6. 生活节奏、抱怨

第15课 请把护照给我

语法讲练 Grammar

一、"把"字句

（翻译。）

1. 请把作业给我。
2. 别把手机借给你不认识的人。
3. 我想把这本中文书送给我弟弟。

（翻译。）

1. 请把你的护照号码告诉我。
2. 能把她的生日告诉我吗？

练习 Exercises

一、连字组词。

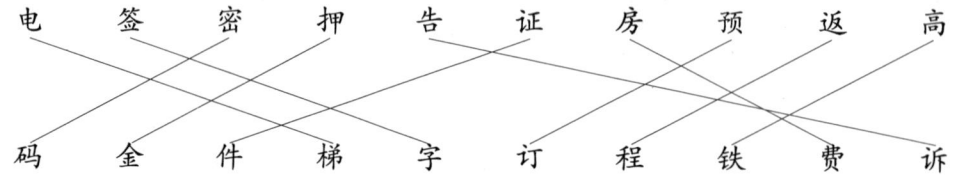

二、听句子，并填空。

1. 高铁　2. 返程票　3. 预定　4. 告诉　5. 证件　6. 房费、押金、现金